MÉMOIRES

SUR LES FINANCES

DE LA FRANCE,

EN 1816,

Par le Cte. G. de la ROCHEFOUCAULD.

(Cet Ouvrage ne se vend pas.)

A PARIS,

De l'Imprimerie de J. L. SCHERFF, passage du Caire, n°. 54.

1816.

PRÉFACE.

COMME cet ouvrage a un but plus important que la forme ne l'annonce, je vais expliquer ce que j'ai désiré prouver.

Ces Mémoires se tiennent tous. Ce sont les diverses parties d'un ensemble.

En examinant d'abord chaque espèce de contributions, je propose des impositions particulières et des changemens dans les modes de recouvrement. C'est ainsi qu'on peut assurer le service ordinaire d'une manière durable.

Je présente ensuite des projets d'opérations financières, pour subvenir aux charges extraordinaires des quatre années prochaines. Ce n'est qu'en les acquittant promptement qu'on peut parvenir à une situation prospère ; ce n'est que lorsque l'Etat sera libéré qu'il pourra refleurir, et qu'on sera sûr de la paix, parce qu'on aura les moyens de soutenir la guerre.

On voit que cet ouvrage comprend l'ensemble de notre situation financière, en l'améliorant entièrement. C'est le tribut d'un Citoyen dévoué à sa Patrie et à son Roi.

DISCOURS PRÉLIMINAIRE

SUR LES CONTRIBUTIONS.

La théorie de l'impôt est simple et régulière; elle consiste toute entière dans cette justice distributive, fille de la vérité, et la plus implacable ennemie des systêmes. Sa première loi est de frapper également toutes les valeurs. Il est malheureusement vrai que l'état social est constitué de manière à en dérober nécessairement plusieurs à son atteinte. Elle s'efforce de réparer cette injustice, en balançant entre elles les valeurs qu'elle impose, de quelque nature qu'elles soient, et quelle que soit la forme qu'elle emploie pour les évaluer. C'est ce qui lui fait repousser les systêmes qui tendent à concentrer les charges sur une seule nature de revenu. Enfin, elle prend soin de repartir chaque contribution équitablement et généralement, et cette partie est la seule qui ait été étudiée et travaillée avec méthode et persévérance.

Ainsi, atteindre toutes les valeurs, les imposer également, et répartir les taxes proportionnellement, telles sont les trois parties qui constituent en entier la théorie de l'impôt.

Il est presque impossible, comme je l'ai dit, d'atteindre toutes les valeurs, un grand nombre échappant à l'impôt par la rapidité de leur circulation, ou par la difficulté de les découvrir. C'est pour y parvenir à moitié que l'on a divisé de tout tems les contributions en directes et indirectes, celles-ci étant créées exprès pour frapper sur les valeurs inconnues, en augmentant le prix de ce qu'elles échangent. On peut de même avec quelque soin diminuer l'inégalité entre les diverses contributions ; on doit s'efforcer de les établir en proportion les unes des autres, et de les répartir seulement en proportion des valeurs, tandis qu'elles sont aujourd'hui établies toutes en proportion des valeurs. On en charge sans scrupule quelques-unes de tout ce qu'elles peuvent supporter, tandis que d'autres ne contribuent point ou contribuent peu à l'entretien de l'Etat. Souvent même n'y a-t-il pas d'égalité dans la même contribution. Il est des départemens où l'impôt foncier n'atteint que le huitième du revenu, tandis qu'il en est d'autres où il en consomme le tiers ; et c'est nuire essentiellement à la prospérité d'un Etat, surtout d'un Etat agricole, que de surcharger une partie des terres. L'augmentation de l'impôt foncier a produit en Angleterre une mémorable famine; et c'est ce qui doit engager à le rendre invariable, non dans les taxes individuelles, comme en Angleterre, où il est résulté de ce systême des injustices évidentes, qui sont maintenues éternellement, mais dans sa masse. Le gouvernement doit juger combien la rente de la terre doit être imposée, proportionnellement à la consommation des produits, pour qu'elles le soient l'une et l'autre également, et proclamer ensuite l'impôt foncier à une quotité fixe du revenu. Alors, toutes les fois qu'une terre s'est améliorée, ou qu'on reconnaît qu'elle a été primitivement mal évaluée, on reporte la cote particulière au taux général fixé. C'est ce qui se pratiquait à Venise, mais en calculant mal-adroitement sur les baux seulement, de sorte qu'on en faisait habituellement de fictifs, qui, supposant un revenu moindre, diminuaient d'autant le montant de l'impôt. Le cadastre est assurément préférable.

On suit en France une méthode ingénieuse pour la réforme de la répartition. Les réclamations proportionnelles intéressent tous les citoyens à la conservation de l'égalité, et en même tems au recouvrement de l'impôt, qu'elles rendent plus facile. Cependant ce mode a des avantages moindres qu'on ne le croirait, et il a des inconvéniens sensibles. En général l'inégalité existe, jusqu'à ce qu'elle devienne insupportable, par la raison même qu'il faut reporter sur son voisin l'excédant de sa taxe, et même, lorsqu'on réclame, on se plaint de ce que l'on paie de trop, en prenant malgré soi un autre contribuable en comparaison, mais on n'en accuse pas vingt autres qui paient aussi moins que soi. Souvent on subit l'injustice de peur de se faire un ennemi, et souvent on a vu naître, à la suite de ces réclamations, des haines et des divisions qui troublent des familles et des cantons entiers, et qui traversent quelquefois plusieurs générations. Les contrôleurs des contributions devraient prendre une connaissance exacte du pays, et seraient d'impartiaux régulateurs, qui conserveraient aisément l'égalité générale.

Je crois qu'en France l'impôt foncier devrait être fixé au dixième du revenu brut, ce qui équivaudrait environ au septième du revenu net; car un propriétaire qui loue son domaine dix mille francs, doit payer en dedans de cette somme non seulement les impôts, mais encore les réparations ordinaires, et supporter aussi les pertes de toute espèce que des accidens peuvent amener. Les ravages des eaux ou du feu, les dévastations de la guerre, les détériorations imprévues dans les constructions ou dans les améliorations; enfin, les non-valeurs, les banqueroutes des fermiers, sont à la charge du revenu. Voilà ce qui produit les embarras presque continuels que les propriétaires éprouvent en France. Mais on ne peut fixer la quotité de l'impôt que lorsque le cadastre sera terminé; en attendant, il pourrait être réduit à 200 millions, non compris les centimes départementaux. Sous Louis XVI il était de 190; mais la répartition était inégale entre les provinces, et une partie des terres était privilégiée.

Cette réduction que je propose prouve que je repousse sincèrement le système des économistes, qui voulaient tirer tous les impôts de la terre, comme la mère de toutes les valeurs. Je conçois que Sully regardât l'agriculture comme la source première des impôts, puisqu'elle était de son tems la mère féconde de toutes les richesses de la France. C'est à Henri IV personnellement que nous devons les premiers encouragemens donnés au commerce. Mais aujourd'hui qu'il est étendu, et qu'il est devenu une source abondante de valeurs qu'il répand dans la société, il est impossible de refuser de bonne foi une centième partie des filets d'or qu'il amène et multiplie sans cesse. En détourner quelques-uns vers le trésor de l'Etat n'arrête point son cours. Il est surtout essentiel de proportionner les contributions entre elles. En ne sacrifiant point les unes aux autres, ou perpétue ses recettes, parce qu'en ménageant également toutes les valeurs; elles se reproduisent sans cesse, et l'Etat en tire chaque année, sans peine, un nouveau revenu.

La contribution mobilière, en France, est une taxe sur les revenus connus et inconnus, de quelque nature qu'ils soient, et quelle que soit la forme sous laquelle ils existent. C'est par son essence même qu'elle est arbitraire, et pour la fixer avec équité, il faudrait évaluer toutes les valeurs employées par chaque citoyen. On sent qu'on ne pourrait les reconnaître qu'avec des formes incommodes et souvent vexatoires. Il est donc nécessaire de s'attacher à une bâse fixe, et d'imposer sur une seule valeur principale toutes celles accessoires qui lui tiennent habituellement. Il est certain qu'en répartissant la contribution mobilière d'après les baux réels des loyers, ou d'après une estimation légale, en remplacement des baux fictifs, on impose toutes les dépenses de diverses espèces qui tiennent à la manière de vivre de chaque citoyen. C'est en cela même que cette contribution n'atteint, on peut le dire, que le superflu; aussi ne faut-il pas craindre de l'élever. Elle est généralement trop modérée en France ; en l'augmentant, on ne peut nuire à aucune espèce d'industrie, puisqu'elle ne frappe que sur la dépense des produits, et surtout si on l'adoucit en faveur des manufactures, comme on l'a fait dans l'impôt des portes et fenêtres.

En suivant ces principes, les contributions directes réunies pourraient être fixées à 300 millions, en calculant l'impôt mobilier au dixième, en doublant une partie des patentes, et en créant sur les revenus fonciers un impôt nouveau par l'augmentation de la contribution des absens. En effet, le propriétaire absent ne coopère point à la circulation du numéraire, ni à l'activité du commerce ; il n'a point de part dans la consommation, et ne supporte aucune des taxes indirectes ou spéciales. L'absent qui est en pays étranger y porte la rente de ses terres, dont il prive sa patrie. Les capitaux français entrant sur-le-champ dans le commerce étranger, élèvent sa balance contre nous. Enfin, il est utile que le propriétaire vive sur sa terre, parce qu'elle est alors mieux cultivée ; il y crée de nouvelles valeurs en plantations, en défrichemens, et souvent aussi en favorisant l'industrie des habitans, ou y établissant lui-même de nouvelles branches de commerce. Cet impôt n'atteindrait que les hommes les plus riches, ceux qui possèdent plusieurs biens ; il est facile à établir, n'est point sujet à l'arbitraire, et n'exigerait aucuns frais de perception. Tout propriétaire payant plus de 100 francs d'impôts dans un département où il n'a pas son domicile, paierait moitié en sus de ses contributions ; tout Français paierait le double de ses contributions, depuis le jour de la délivrance de son passeport à l'étranger, jusqu'à son retour ; ce qui aurait encore l'avantage de diminuer le nombre des passeports de précaution, qui ne sont pas toujours utilement employés. On n'a pas encore établi cet impôt ; mais ce n'est pas un motif de rejet. A Lucerne, on fait payer dix pour cent de la vente des domaines, lorsque les vendeurs quittent le canton. Un tel impôt est trop facile à éluder, et il est toujours plus avantageux pour l'Etat de percevoir un droit annuel qu'une somme extraordinaire. En Suède, il existe un impôt d'augmentation sur les terres affermées, c'est-à-dire sur toutes celles que le propriétaire ne cultive pas lui-même. En France, où la population est aujourd'hui très-considérable, une classe est entièrement livrée à l'exploitation des terres, et, combattre ou entraver en partie cet état des choses, serait nuire à la prospérité, puisque ce serait de fait une révolution dans la société, et que l'on n'est jamais sûr de remplacer ce que l'on détruit.

Si les contributions directes étaient réduites en France à 300 millions, on serait heureux que les contributions indirectes fussent réduites à la même somme. On a remarqué, avec raison, qu'imposer trop le commerce, c'est frapper en résultat l'agriculture, parce que tout ce qui entrave l'industrie diminue le marché intérieur.

Les contributions indirectes portent sur la consommation, et se renouvellent sans cesse avec elle. Tel est le progrès de la fiscalité, que les matières premières paient une seconde fois quand elles ont été fabriquées, et les productions acquittent un nouveau droit toutes les fois qu'elles sont vendues, jusqu'à ce qu'elles soient consommées. On voit quelle échelle immense on pourrait former, si l'on voulait reconnaître et évaluer tous les objets susceptibles d'impôts. Il serait désirable que ces objets y fussent tous également soumis ;

mais il en est dont la reconnaissance, l'évaluation ou la perception sont très-difficiles ; et toutes les fois qu'il y a arbitraire et vexation, les impôts sont plus nuisibles qu'utiles. Souvenons-nous bien qu'il n'y a point de finances sans morale, et que le mécontentement d'une nation accablée d'impôts n'est pas aussi dangereux comme amenant des troubles, que comme corrompant les mœurs et changeant le caractère de la nation même ; elle s'énerve quand elle est fatiguée longtems ; en perdant l'aisance à laquelle elle a été habituée, elle perd ses forces, son énergie et son patriotisme. Ce sont ces grands et tristes résultats qui doivent être présens à l'esprit du financier, quand il étudie un plan général de finances ; et il est vrai de dire qu'ils sont amenés plus souvent par la surcharge des impôts indirects, que par l'excès de l'impôt foncier. Le mal que celui-ci produit se fait sentir lentement et progressivement, parce que le propriétaire diminue d'abord sa dépense, absorbe ensuite ses capitaux mobiles ou ses économies anciennes, et enfin, vend des parties de ses terres pour conserver les autres ; ce n'est que lorsque le prix diminue dans les ventes, que l'Etat lui-même ressent les effets de la rareté du numéraire. Mais l'impôt indirect frappant sur tous les citoyens, en atteint un grand nombre qui ne vivent que d'un seul revenu éventuel, et, dès qu'on l'élève outre mesure, ils tombent de l'aisance qui leur suffit dans un état de misère qu'ils ne peuvent supporter.

Les contributions indirectes, qui se paient volontairement, qui sont offertes, pour ainsi dire, par les contribuables, sont évidemment les plus justes et les plus faciles ; mais celles qui sont générales sont les plus productives. C'est donc une question intéressante que de discuter quelles sont les plus avantageuses, et je crois que Henri IV se serait décidé pour les premières. Il est heureux, juste et utile en même tems de faire, autant que possible, qu'aucun citoyen n'acquitte de charges que celles qu'il prend lui-même, parce qu'il n'en prendra qu'autant qu'il pourra les acquitter. C'est par ce cercle de choix et de conditions, de droits donnés et de devoirs remplis, que les impôts sont créés sans injustice et payés sans plaintes. Comme, en politique, on peut être assuré de la fidélité des princes, qui ont intérêt à tenir leurs engagemens, de même on peut compter, en finances, sur le recouvrement des taxes établies du consentement des contribuables ; c'est peut-être même remplir mieux les fonctions suprêmes, que de créer des impôts doublement utiles, en les employant non-seulement à l'acquit des charges générales, mais encore à l'avantage des intérêts particuliers.

Henri IV n'aurait pas consenti, sans doute, à imposer la mouture des grains. En effet, les impôts indirects ne sont avantageux que parce qu'ils laissent libre la portion dup ropriétaire, et qu'ils atteignent l'accroissement de valeur que les productions acquièrent dans les ventes, participant ainsi aux bénéfices successifs du commerce. Mais si l'impôt sur les vins frappait la totalité du produit annuel, ce serait un impôt sur les vignes; autant vaudrait-il augmenter la contribution foncière de ces sortes de terres, comme imposer la mouture des grains serait augmenter effectivement celle des terres à blé. En outre, cet impôt serait d'un recouvrement difficile; l'inspection au moulin est sujette à un grand nombre de fraudes, et nous verrions bientôt établir, dans les maisons, des moulins à bras qu'il est très-facile d'inventer et de rendre aussi commodes qu'économiques.

L'impôt sur les boissons est, de sa nature, meilleur que celui sur les grains, puisqu'il est moral, étant nécessaire surtout pour en empêcher l'excès nuisible. Mais il est vexatoire dans la forme de sa perception ; en outre, il exige des frais immenses. Il doit produire environ 75 millions, et le trésor n'en reçoit pas 50 ; le tiers de ce que le peuple paie est donné à ceux qui le font payer malgré lui. Que d'hommes livrés, par le gouvernement lui-même, au mépris, à l'aversion, au repoussement de leurs concitoyens ! que de fraudes, d'espionnages et de délations ! C'est sous ce point de vue, comme corrompant les mœurs de la nation, qu'il me semble nécessaire de réformer la perception des droits sur les boissons ; mais je crois qu'on peut remplacer l'exercice par la création de trois impôts faciles à établir et à percevoir, c'est-à-dire, 1°. en taxant les bierres et cidres à la confection même, et les vins suivant un tarif fixé chaque année dans le budget, en proportion du produit, et réparti suivant les classes des terres ; ce qui mettrait à exécution le principe vrai, rappelé par M. Necker, que l'impôt sur les vignes doit être flexible. On déduirait largement la consommation présumée des propriétaires, qui ne paieraient l'impôt sur le restant que par douzième dans le courant de l'année suivante ; de cette manière on évite tous les inconvéniens justement reprochés à l'impôt sur le produit. 2°. En ajoutant aux octrois un léger droit sur le transit, qui atteindrait les boissons à la première vente, et qui remplacerait en partie l'impôt des routes, qui a toujours été regardé comme très-juste, mais trop difficile à percevoir. 3°. En doublant les patentes des débitans de boissons, ce qui atteindrait la seconde vente. C'est en rassemblant tous ces élémens d'impôts dans une loi mûrement réfléchie, qu'on pourra recouvrer sans vexation des droits sur les boissons, qui sont aussi moralement que financièrement nécessaires.

Les contributions indirectes peuvent encore s'accroître d'une augmentation sur la marque d'or et d'argent, qui est évidemment trop peu élevée, et d'un nouvel impôt sur les chevaux et les voitures. Les taxes somptuaires ont peu réussi en France. Lorsqu'on accorda au roi Jean la capitation générale, on l'étendit jusqu'aux domestiques, au dixième de leurs gages, et on imposa même la valeur des meubles. Dans le cours de la révolution, on taxait les domestiques, les chevaux et voitures, et la forme de la perception était désagréable. Il est possible de fixer un impôt sur les chevaux à chaque vente, et il est facile de marquer les voitures tous les ans, en percevant, comme en Angleterre, une taxe annuelle.

Mais ces améliorations dans les recettes ordinaires ne peuvent pas être suffisantes, puisqu'en admettant de conserver les impôts tels qu'ils sont, nous n'aurons, chaque année, que 150 millions d'excédant, pour faire face à 300 millions de charges extraordinaires. Quel est le financier sage qui pourrait concevoir le projet d'établir 150 millions de nouveaux impôts? A-t-on le crédit de payer avec un emprunt? existe-t-il des valeurs à aliéner? Non. A ces mots, je crois que chacun, en France, va s'effrayer. On ne conçoit pas que l'on puisse trouver des ressources autrement que par des ventes, des impôts ou des emprunts. Ces trois voies épuisées, on croit qu'il n'y a plus qu'à proclamer la banqueroute. C'est, au contraire, dans une telle situation que l'on commence à avoir besoin d'un financier, et voilà ce qui élève son art au-dessus des conceptions ordinaires. Tant qu'on a des recettes pour payer des dépenses, il ne faut qu'un comptable; mais quand il faut payer plus qu'on ne peut recevoir, et qu'on n'a point de valeurs à aliéner, ni de crédit pour affirmer ses promesses, lorsqu'enfin les impôts ne peuvent plus être élevés, il faut alors un financier.

J'entreprends donc un travail aussi difficile qu'il est important. Je veux prouver qu'on peut rétablir les finances de la France et conserver ses recettes de 150 millions environ au-dessus de ses dépenses, après avoir éteint toutes ses charges, sans impôts nouveaux, sans emprunts et sans aliénations. Il me semble, en effet, qu'on ne peut tirer actuellement d'emprunts que de soi-même, puisque la confiance publique n'en offre point; qu'on ne peut que s'engager à soi-même, puisque la valeur des gages est presque nulle; et qu'on ne peut aliéner de même que fictivement, puisque les propriétés de l'État sont ou semblent inaliénables de leur nature. Il en est de même des impôts; lorsqu'on a épuisé les sources du revenu proportionnellement, lorsqu'il est évident qu'une taxe nouvelle ferait surcharge et par conséquent nuirait plus qu'elle ne profiterait à l'État, on ne peut plus établir que des impôts volontaires, éventuels et inévaluables sur les capitaux inconnus. C'est dans une telle situation que l'art du financier déploie toutes ses ressources; c'est alors qu'il faut, pour payer avec des valeurs réelles, se les procurer avec des valeurs fictives, et les meilleures sans doute sont la capitalisation au lieu du revenu, la perpétuité en remplacement des annuités, les paiemens volontaires en échange des impôts forcés, et enfin le papier d'État, pourvu qu'il soit volontaire.

La capitalisation a été irrégulièrement, mais constamment pratiquée ; car les rentes que l'on créait sans cesse sous Louis XV, étaient des convertissemens de revenus en capitaux, et la dette publique va constituer bientôt 150 millions capitalisés. Il reste encore à la France, dans l'état actuel des choses, un excédant annuel de 150 millions ; si l'on pouvait le capitaliser tout entier, on comblerait trois milliards de charges extraordinaires, et nous n'avons pas 1200 millions à fournir en quatre ans. On voit combien notre situation est prospère, et comment le système de la capitalisation peut nous libérer aisément.

Le système de la perpétuité peut aussi s'étendre à un grand nombre de dépenses de l'État qui sont momentanées, à échéances, ou tout au plus viagères, et que l'on diminuerait de moitié au moins en les rendant perpétuelles. Les impôts volontaires, qui sont toujours agréables aux contribuables, puisqu'ils demandent eux-mêmes à les payer, sont susceptibles d'une extension très-multipliée, depuis les pétitions qu'une ancienne loi, non exécutée, assujettit au timbre, et qui devraient l'être progressivement en proportion de la valeur des places demandées, jusqu'aux lettres de noblesse et aux grâces de tous genres, ainsi qu'aux droits que l'on est jaloux d'exercer et auxquels l'intérêt de l'État peut faire appliquer un léger impôt. Enfin, puisque l'ordre et l'économie ne peuvent pas libérer nos finances, le papier volontaire, qui a enrichi et rendu si puissante l'Angleterre, sauvé et affermi les États-Unis, et souvent aidé la Suède et des villes, des banques, de nombreuses compagnies de commerce; le papier, qui n'a ruiné deux fois la France que par l'abus qu'on en a fait, nous sauvera certainement aujourd'hui, parce que nous sommes plus instruits, plus expérimentés que du tems même de M. Necker.

Les Mémoires qui suivent sont destinés à prouver, par des exemples, que ces principes sont susceptibles d'être mis en pratique. Les projets qu'ils renferment produiraient plus qu'il ne faut pour mettre les recettes au niveau des dépenses, et cet excédant est nécessaire; car il ne suffit pas d'acquitter les charges actuelles, il faut se précautionner contre les charges futures et imprévues. Je dirai et je répéterai sans cesse, qu'il faut former un trésor à l'État. Si l'on n'a pas amassé d'avance pendant la paix, on est forcé de surcharger la nation quand la guerre survient. Les exemples en sont effrayans. Les Romains avaient contracté des dettes immenses pendant les guerres puniques ; ils les payèrent par une injustice monstrueuse, en élevant le numéraire à six fois sa valeur précédente ; de sorte qu'ils remboursèrent leurs dettes avec le sixième du capital. Les vertueux Américains ont soldé leurs créanciers à la fin de la guerre de l'indépendance, en papier qui valait réellement 60 pour cent de moins, puisqu'il était payable à quinze ans, sans intérêts. Enfin, sans entrer dans les détails des opérations financières des Anglais, on sait qu'ils ont toujours eu besoin d'établir de nouveaux impôts à l'approche de chaque nouvelle guerre. Reportons maintenant les yeux sur nous. Nos anciens rois, quoiqu'on ne leur payât aucun impôt, étaient très-riches, parce qu'ils vivaient de leurs domaines, qu'ils régissaient eux-mêmes ; ils amassaient tous des trésors, dont ils stipulaient d'avance le partage à leurs enfans, ainsi que celui de leur royaume, pour les leur laisser en mourant. Henri, qui fut certainement un habile financier, se préparait à la guerre en amassant en secret un trésor de 121 millions et demi, somme énorme à cette époque, et en valant effectivement 240. Louis XIV fit des guerres brillantes, tant qu'il eut Colbert, qui savait préparer les ressources ; mais étant redevenu endetté dans sa vieillesse, il eut peine à soutenir sa dernière guerre, et, à sa mort, la nation subit une banqueroute mémorable. Louis XVI espérait éteindre, avec de l'économie, les dettes de l'État, qui n'étaient pas considérables ; mais n'amassant jamais d'excédant, il vit croître les embarras et sanctionna une nouvelle banqueroute, en permettant la création des assignats.

Il est vrai que le trésor des rois était formé autrefois d'espèces réelles, et qu'ainsi l'argent diminuait alors dans la circulation, ce qui est toujours nuisible et le serait davantage en ce moment. Mais le système de l'amortissement forme naturellement la caisse du trésor. C'est à lui qu'il faut consacrer les excédans de chaque année, en les employant à agir sur les fonds publics, et les retirant peu à peu lorsqu'ils deviennent nécessaires à l'État. Ces opérations seraient plus utiles à mesure que le fonds d'amortissement aurait été augmenté, et tant qu'il serait bien dirigé ; car le ministre, connaissant seul l'époque à laquelle il aura besoin de retirer des fonds, peut diriger d'avance le rachat et l'émission, de manière à vendre presque toujours plus cher qu'il n'achète ; et s'il éprouvait quelque perte, elle serait toujours infiniment moindre que l'intérêt d'un emprunt.

Mais pour attribuer à un ministre des finances cette faculté de faire seul des opérations qui ne seraient pas possibles si elles étaient connues ou dirigées par plusieurs, nous avons des oppositions à redouter. Un budget public qui a des avantages sensibles dus à cette publicité même, a pourtant aussi des inconvéniens. M. Necker, qui en est le fondateur en France, a trop considéré l'honneur du ministre. Il pensait, avec raison, que la franchise lui est avantageuse autant qu'elle le rend estimable, lorsqu'il sait s'attacher l'opinion publique, qui peut souvent lui servir de soutien contre les intrigues de la cour ; mais le ministre a plus souvent à se défendre contre les obstacles que les hommes de finance cherchent à lui opposer ; en outre, le gouvernement a souvent intérêt à cacher ses moyens et ses ressources aux étrangers ; et l'on ne peut jamais garder des fonds en réserve pour les besoins à venir, quand on est forcé de rendre compte ; enfin, cette opinion publique est continuellement changeante en France :

elle a forcé le Roi de rappeler M. Necker, et l'a salué, à son retour, avec un enthousiasme extrême, et elle l'a chassé, peu de tems après, avec la même effervescence.

Qui peut douter qu'un ministre sera plus fortement entravé dans les opérations qu'il publiera d'avance, que dans celles qu'il exécutera en silence? Qui peut douter que les gouvernemens ennemis profiteront plus sûrement de nos embarras, ou lutteront plus aisément contre notre prospérité, quand ils connaîtront exactement notre situation? Qui peut douter que des chambres, se croyant le droit de faire elles-mêmes les budgets, ne souffriront jamais qu'un excédant de l'année précédente soit conservé par la loi? Elles n'auront jamais soin de l'avenir, et l'Angleterre nous en offre de nombreuses preuves. Smith a dit, avec justesse : *L'Angleterre s'est toujours conduit, en tems de paix, avec la profusion paresseuse naturelle aux monarchies, et en tems de guerre, avec la prodigalité impétueuse des démocraties.*

Mais c'est pour le ministre même que cet état de choses est intolérable : il conçoit un plan, et n'en est plus le maître s'il le confie; car on veut le perfectionner; il est forcé à des concessions, et, sous le prétexte de le corriger, on le gâte ; ensuite il ne peut plus l'exécuter, s'il le divulgue ; car ce ne sont plus des corrections qu'on lui fait subir, ce sont des obstacles qu'on lui oppose. Les intéressés à la chûte du plan et les intéressés à la chûte du ministre sont toujours d'accord, et toujours en présence ; on ne peut combattre ces ennemis avec avantage, si on leur dit d'avance comment on les attaquera, eux qui se gardent bien de dire comment ils résisteront ; enfin, ce plan s'anéantit tout entier, s'il est soumis à deux assemblées délibérantes : six cents avis le réforment tellement, qu'à force de refaire à ce monument exposé un trait, une ligne, un membre tour-à-tour, il change entièrement de forme et d'effet. Un plan de finances doit être conçu par une seule tête et dans un seul esprit, pour que toutes les parties en soient liées à la fin générale, et il ne peut être avantageusement exécuté que par celui qui l'a conçu. Les détails ont été calculés d'avance, les obstacles prévus, et les ressources accessoires préparées ; car il se rattache toujours au plan principal des moyens particuliers à faire valoir. Ainsi un ministre des finances doit concevoir et exécuter seul son plan, et il le pourra quand il ne sera plus forcé de le soumettre à des assemblées, et de le montrer ainsi d'avance au public. La législation doit consacrer cette sage et prudente méthode, qui me semble établie formellement par la charte constitutionnelle.

Je lis dans l'article 48 : *Aucun impôt ne peut être établi ni perçu, s'il n'a été consenti par les deux Chambres et sanctionné par le Roi.* Voilà ce qui garantit la nation de la tyrannie, de la fiscalité oppressive et des concussions. Je lis, article 49 : *L'impôt foncier n'est consenti que pour un an : les impositions indirectes peuvent l'être pour plusieurs années.* Voilà ce qui établit le mode de voter l'impôt, et ce qui, positivement, à ce qu'il me semble, prescrit une loi annuelle sur l'impôt, qui est mentionnée en outre dans l'article 17; mais je ne vois pas qu'il soit question de budget dans la charte. Je vois que l'impôt doit être voté librement par les Chambres, que le Roi n'en peut établir ni percevoir aucun sans leur consentement; mais je ne vois pas que le Roi doive leur rendre compte de l'emploi qu'il en fera ou qu'il en aura fait, et justifier ses opérations, ses dépenses, les bienfaits qu'il voudra accorder, ou les économies qu'il aura procurées à l'Etat. Enfin, je ne puis concevoir pourquoi on n'exécuterait pas simplement les dispositions prescrites dans la charte, au lieu d'y contrevenir, pour imiter l'Angleterre. D'après la charte, rien de plus simple que la communication entre le Roi et les Chambres. Le Roi leur propose la loi qui doit mettre l'impôt à sa disposition, et il est évident qu'il doit présenter aux Chambres tous les renseignemens propres à leur faire juger quelle est la somme d'impôts nécessaire ; mais il ne doit pas les leur soumettre. Les Chambres doivent étudier, examiner ces renseignemens dans l'intérêt futur, mais non dans le passé, et c'est un mode avantageux, en ce que les Chambres conseillent ainsi le Roi, et ne peuvent jamais critiquer sa conduite. C'est rendre utile au Roi lui-même sa communication avec les Chambres, sans abaisser sa dignité. Autre chose est assurément de connaître les dépenses projettées, pour être à même d'évaluer les recettes à fournir, et d'avoir le droit de refuser une partie de l'impôt qui ne paraîtrait pas nécessaire, ou de se faire rendre compte des projets du gouvernement, en s'attribuant le droit non-seulement de les contrôler publiquement, de les réformer et distribuer autrement, mais de forcer même le Roi à adopter un autre plan de finances que celui qu'il a jugé le plus avantageux dans les circonstances.

Il est très-différent que le Roi soit tenu à se borner dans l'ordonnance des dépenses de l'Etat à la somme d'impôts votée librement par une assemblée des députés de la nation, ou qu'il soit forcé de rendre compte des dépenses qu'il a faites, et d'entendre censurer ses opérations par un ignorant ou par un factieux. Je sais que tel est l'usage qui est devenu droit dans la Chambre des communes en Angleterre; mais nous voulons ménager en France davantage la dignité du Roi.

Il faut revenir, pour exécuter cette partie de la charte, aux anciens usages de la monarchie. Le Roi doit faire établir, comme autrefois, des projets de recettes et de dépenses approximatifs, sous le nom ancien d'*Etats du Roi*, et les communiquer aux Chambres en même tems que la loi sur l'impôt leur est proposée. Puis il fera établir à la fin de chaque année les résultats, sous le nom d'*Etats au vrai*, et ceux-là ne doivent pas être envoyés aux Chambres, mais déposés à la Chambre des comptes et publiés, lorsque le Roi juge que la publicité n'en est pas nuisible; car je pense, comme M. Necker, qu'elle est très-avantageuse, lorsqu'il n'y a pas des motifs essentiels de la retarder.

C'est par ces moyens que le Roi pourra

économiser sans peine pour les besoins à venir ; il pourra cacher ses ressources aux puissances étrangères ; enfin il se préparera les moyens de diminuer les impôts, si la paix continue, et de ne pas les augmenter, si la guerre survient.

Adoptons cette jurisprudence pour remettre notre avenir entre les mains d'un monarque qui s'est déjà montré si soigneux de notre bonheur. Lorsque nous ne sommes vraiment en danger que par les finances, lui confier le soin de les rétablir, c'est nous sauver. La France porte en elle tous les germes de la richesse ; elle peut fournir l'aisance à ses habitans, quand on la laissera librement travailler pour eux. Il suffit de lui permettre de produire, de laisser les propriétaires maîtres de ses fruits, et de ne pas gêner leur transport, leur échange, ni l'emploi des bénéfices qu'elle procure. Si des impôts frappent sa fertilité, comme la dîme, ou la circulation de ses produits, comme en Angleterre les réglemens sur la laine, ou leur débit, comme le terrible impôt sur les ventes en Espagne, il est évident qu'on lui nuit essentiellement. La prospérité de l'Etat ne peut renaître et ne peut croître que sous un prince qui n'aime pas les impôts, et qui, ennemi de tout systême, protège la terre en même tems qu'il encourage l'industrie. Mais quand on est gouverné par un tel prince, il faut au moins, et par intérêt autant que par reconnaissance, confier à son amour les moyens de nous rendre heureux. Soyons Français, offrons au nom de la nation, comme on l'a fait de tout tems dans notre antique monarchie, *des conseils* à notre Roi; votons entre ses mains l'impôt annuel nécessaire à notre état social, et laissons-lui faire, comme Henri, *le bon ménage*. Nous verrons alors, ainsi que l'a prédit Sully, que ce royaume *peut s'ouvrir, dans un besoin pressant, des sources de trésors presque infinis.*

PREMIER MÉMOIRE.

Sur la caisse d'amortissement.

L'AMORTISSEMENT est regardé comme une conception anglaise. Nous pouvons revendiquer cette découverte, ainsi que d'autres. Il y a, dans notre histoire des finances, des exemples d'amortissemens avant et sans imiter ceux de l'Angleterre. Je n'en citerai que deux, qui sont mémorables par le bien qui en est résulté. Un de nos plus habiles financiers, Desmarets, élève et neveu de Colbert, fit ordonner, en 1712, une augmentation de trois deniers par livre sur les tailles, et la fit affecter au paiement des intérêts et en même tems à l'amortissement d'un emprunt en rente au denier douze. Il fit même établir un directeur de cette opération, le sieur Belanger, auparavant trésorier du sceau, qui fut chargé de la recette de l'emprunt, du recouvrement de la contribution, de l'acquittement des intérêts, et de l'amortissement de la dette.

Un autre habile ministre, M. de Machault,

créa une caisse spéciale d'amortissement, qui fut dotée de l'imposition d'un vingtième sur tous les biens et revenus du royaume. Cette caisse fut destinée d'abord à acquitter les dettes pressantes dont l'Etat était obéré, mais on l'employa bientôt à amortir en douze années un emprunt de 36 millions, et l'on y ajouta, deux ans après, l'amortissement des rentes sur les aides, de celles sur les postes, et de quelques autres. L'administration de cette caisse fut si bien dirigée sous M. de Machault, qu'elle suffit à ces charges et amélioră sensiblement la situation des finances.

En Angleterre, plusieurs ministres, entre autres M. Pelham, ont été instruits et économes; mais M. Pitt a été le seul habile financier. C'est en 1786 qu'il établit son amortissement. Il ne différait de celui de Desmarets que par sa faiblesse, n'ayant affecté d'abord qu'un million sterling à l'extinction d'une dette immense; mais comme elle s'accrut encore pendant les guerres de la révolution, M. Pitt augmenta plus que progressivement le fonds d'amortissement, et résolut ensuite d'affecter un centième de chaque emprunt à son remboursement, différant en cela de Desmarets, qui avait affecté une partie du gage de l'emprunt à l'amortissement.

Aujourd'hui le budget porte qu'on établira une caisse d'amortissement. On la dote de 14 millions du revenu des postes, et de 6 millions versés par le trésor. Il s'agit de savoir comment on peut employer le plus utilement pour l'Etat les fonds qui lui sont affectés.

La dette anglaise est d'environ 17 milliards de nos francs, c'est-à-dire d'un tiers au moins du capital de la dette. On nous propose, pour amortir une dette d'environ trois milliards, vingt millions annuels; tandis que l'intérêt de l'amortissement, en Angleterre, est de près de 400 millions agissant contre 17 milliards, dont l'intérêt annuel est de neuf cent quarante. Ainsi, on emploie, en Angleterre, comme on projette de le faire en France, l'intérêt de l'amortissement pour racheter une partie du capital de la dette, et il y est du quarantième, tandis qu'il n'est ici que du cent cinquantième. Il faudrait calculer environ quarante ans, si l'on voulait éteindre en totalité la dette anglaise; il faudrait, pour éteindre celle de la France, suivre, pendant près de cent cinquante ans, les mesures consacrées par le budget de cette année.

Je sais qu'il n'est pas nécessaire de rembourser la totalité de nos dettes, mais il est toujours dangereux de choisir un systême de longue exécution. Des circonstances malheureuses, de mille espèces différentes, peuvent amener de nouvelles dettes, et l'on a souvent tort de compter sur une constance inébranlable à suivre les projets adoptés. A peine Desmarets eût-il été renvoyé, que son systême d'amortissement, qui avait déjà produit de bons effets, fut abandonné, même sans examen et sans opposition. Aujourd'hui, nous restons grevés d'une dette immense, surtout en proportion des moyens d'extinction proposés, et nous nous privons de tout emprunt à venir, qui dérangerait l'économie de notre systême d'amortissement. Nous n'aurons plus aucune ressource extraordinaire possible, et quelle sera la force de notre diplomatie lorsque les puissances étrangères sauront que nous n'avons aucun fonds libre pour faire la guerre ?

Je dis plus : je ne vois pas de moyens préparés de payer les charges extraordinaires des années prochaines. Le budget fournira peut-être 800 millions de recettes pour faire face à 800 millions de dépenses ; mais il nous restera près de 300 millions à payer chaque année aux étrangers, en outre de nos budgets. La guerre ou d'autres causes peuvent amener d'autres charges. Il est possible aussi qu'il y ait un déficit dans le budget de cette année, et il me semble difficile d'augmenter les impôts. Dans la discussion importante que les finances ont dernièrement occasionnée, il ne s'agissait pas tant, à mon avis, de discuter le budget de l'année, que de préparer les moyens des années suivantes ; il fallait calculer surtout si les charges futures pouvaient être éteintes par la seule allocation des revenus de l'Etat, ou s'il était indispensable d'y employer un capital.

M. Pitt n'avait, en 1786 et en 1792, appliqué à l'amortissement qu'une portion de revenus ; mais, en 1798, il sentit que la masse des charges devenait trop considérable, et qu'il fallait non-seulement lui opposer un capital, mais encore faire fournir à ce capital tous les produits qu'on en pourrait tirer, pour les employer à modérer la dette. Il abandonna une partie de la contribution foncière, c'est-à-dire de celle qui est la plus positive, la plus sûre, la plus facile à recouvrer. Il priva l'Etat de sa première ressource, certain des grands avantages qu'il retirerait en créant un amortissement considérable. Il lui consacra donc le produit de la taxe foncière.

Qu'on me permette une digression sur cette importante opération. Je ne pense pas qu'on puisse l'adopter en France telle qu'elle a été exécutée en Angleterre. M. Pitt fixa la contribution foncière, et appela chaque imposé à en racheter volontairement une partie. Ce serait en vain que l'on proclamerait en France une fixation immuable de l'impôt foncier; aucun propriétaire n'en racheterait une partie. Nous devons à Bonaparte un manque de confiance dans le gouvernement, qui se fera sentir encore longtems. Je suppose qu'on fixe l'impôt à 200 millions, et qu'on en déclare 25 rachetables; on penserait toujours que si chacun avait racheté le huitième de son impôt particulier, on augmenterait, peu d'années après, la contribution d'un huitième. Cette méfiance ne serait pas aisément détruite. Toutefois, je crois qu'on peut exécuter cette opération avantageusement, avec quelques différences que l'état actuel de l'opinion publique rend nécessaires. Il faudrait d'abord déclarer le rachat forcé, comme subvention pour le soulagement de l'Etat, mais alors le borner au huitième au plus de la contribution, et en exempter tous les faibles imposés, en le limitant à ceux qui paieraient plus de 100 francs d'impôt foncier. Enfin, il faudrait encore nécessairement aider les riches eux-mêmes à trouver de l'argent, car il y en a beaucoup, surtout actuellement, qui sont gênés quoique possédant des domaines considérables ; et il serait par conséquent impossible, à mon avis, d'exécuter cette opération sans avoir établi d'avance une banque destinée à prêter des fonds à ceux qui en demanderaient. La contribution ordinaire étant abandonnée à la banque, à qui elle rapporterait déjà cinq pour cent, les propriétaires ne seraient tenus qu'à un sacrifice d'environ deux pour cent pour en obtenir les fonds qui leur seraient nécessaires.

C'est, je crois, avec de tels moyens qui sont spécialement appliqués aux circonstances, qu'on pourra utiliser, pour ainsi dire, en faveur de la France, le génie de M. Pitt. C'est surtout en attirant, avec autant de talent que lui, les capitaux. Mais il faut aussi savoir faire longtems de grands sacrifices à la conservation stricte des engagemens.

Les prêteurs ont fait, en Angleterre, des fortunes immenses pendant plus de cent ans. On leur empruntait à 14 pour cent, et on leur accordait encore une loterie. On formait des compagnies privilégiées, et, en outre des priviléges qui leur procuraient d'immenses bénéfices, on leur payait huit pour cent d'intérêt de l'argent qu'elles prêtaient. On constitua des rentes viagères à 12 ans sur trois têtes, et enfin on emprunta avec des primes de 34 pour cent. Voilà quelles ont été les mesures préparatoires, et, pour ainsi dire, fondamentales du crédit actuel de l'Angleterre. Jamais le parlement n'a manqué aux engagemens contractés, quelle que fût même l'autorité qui eût traité. Aussi Smith dit-il que l'on regardait comme une faveur d'être admis des premiers à la souscription d'un nouvel emprunt. Cet empressement est ce qui prouve le crédit ; on peut dire que c'est le crédit lui-même ; et puisque cet empressement n'existe pas en France, la France n'a pas de crédit.

Il faut être persuadé de cette vérité. Il faut se convaincre aussi qu'on n'obtient le crédit que lorsqu'on l'a mérité, et qu'en l'attendant, on ne doit pas agir comme si l'on était appuyé sur lui. Sous Bonaparte, M. Gaudin n'a jamais eu de crédit, mais il n'a jamais compté sur lui ; M. Louis, au contraire, a tâché de le faire naître, mais il a voulu s'en servir avant de l'avoir obtenu. Reconnaissons maintenant que nous ne pourrons faire réussir des opérations financières, qu'autant qu'elles seront entièrement indépendantes du crédit.

C'est par ce motif même que je crois nécessaire de rendre l'Etat riche, seul moyen d'inspirer la confiance publique ; et pour l'enrichir, il faut acquitter ses charges présentes avant d'amortir ses dettes non exigibles ; ainsi c'est au paiement des charges qu'il me semble indispensable d'appliquer le premier fonds d'amortissement, en le formant, comme M. Pitt, d'un capital, et en le faisant produire autant qu'il en est susceptible. On peut seulement le tirer d'un revenu momentanément engagé, au lieu de le tirer, comme M. Pitt, d'un revenu définitivement aliéné, et l'opération sera plus avantageuse. Mais il est naturel de chercher ce capital dans le revenu même appliqué à la dotation de la caisse d'amortissement, et le produit des postes est plus susceptible qu'aucun autre de ce convertissement, puisqu'on peut le rendre plus qu'aucun autre indépendant du gouvernement.

Il faut mûrement réfléchir sur les moyens d'exécution ; car une opération bien conçue manque souvent quand on s'égare dans l'exécution. Ici trois voies sont à choisir, et je les proposerai tour-à-tour avec leurs avantages et leurs inconvéniens.

Le gouvernement peut former une ferme générale des postes, s'il trouve un ou plusieurs capitalistes associés qui veuillent la prendre. Ils l'administreraient entièrement ; mais l'action du gouvernement, nécessaire pour maintenir et surveiller le service public, pourrait rester confiée à un directeur général quand les intéressés à la ferme seraient administrateurs et régiraient toutes les parties de la comptabilité. Ce serait une espèce d'emprunt; car il y en a de plusieurs espèces : la première, quand on n'affecte point de gages; la seconde, lorsque l'on assigne une hypothèque, et une autre lorsque l'on consacre un revenu particulier qui suffit aux intérêts jusqu'au remboursement. Ces trois sortes d'emprunts exigent encore plus de confiance que nous n'en pouvons inspirer en ce moment. Mais il en est une dernière sorte qui consiste à livrer le gage lui-même lorsqu'il est de sa nature inaliénable. Dans cette espèce, le gage est nécessairement un capital productif dont l'administration et la rente sont abandonnées aux prêteurs; et ce mode leur présente tant d'agrémens particuliers, qu'on peut se passer presque de crédit pour cette opération; car il suffit d'être certain qu'on ne retirera pas le gage avant d'avoir remboursé l'emprunt. Malheureusement cette seule condition peut être encore un obstacle. Peut-être rendra-t-elle trop onéreux le taux de la capitalisation. Cependant il faut balancer contre cette crainte les avantages dont lés prêteurs jouiront. Je propose de leur accorder : 1°. l'intérêt de leurs fonds à cinq pour cent par l'abandon du revenu des postes. 2°. La prime de 2 millions de rente annuelle, en réduisant à 12 millions les 14 millions auxquels le revenu des postes est évalué. 3°. Tous les bénéfices qu'ils pourront se procurer, en leur abandonnant l'administration entière, soit par la suppression des traitemens d'administrateurs, puisqu'ils le seront eux-mêmes, soit par la diminution du nombre des employés ou des frais du service, pourvu qu'il ne soit pas entravé. Le gouvernement recevrait 240 millions comptant, ce qui, à raison de l'embarras des finances, le dédommagerait des sacrifices que ce traité lui imposerait.

Il est un second moyen peu dépendant encore de la confiance publique. Il consiste à capitaliser la recette de chaque bureau en particulier. Le directeur général et les autorités administratives locales conserveraient la surveillance en tout ce qui concerne le service public. On nommerait à chaque bureau celui qui fournirait un capital égal à seize fois la recette moyenne, ce qui équivaudrait à un emprunt à six pour cent, et ce qui produirait au gouvernement 240 millions. On peut penser sans doute qu'on ne trouverait pas de suite un assez grand nombre d'hommes qui voulussent obtenir des places à cette condition. Mais on nommerait peu à peu à chaque bureau, à mesure que l'on recevrait des demandes, et l'on ferait en deux années ce qui eût été impossible en une. Cependant il s'en présenterait peut-être plus qu'on ne le croit; il y a tant de personnes déplacées. Nous obtiendrions les avantages que ceux qui occuperaient de telles places seraient des hommes du lieu même, qui ne les auraient pas obtenues par intrigue, qui n'en feraient pas une spéculation, et qui seraient fortement intéressés à la tranquillité publique et à la stabilité du gouvernement.

Enfin il est un troisième moyen qui consiste à capitaliser soi-même le revenu des postes. Cette opération, entièrement dépendante du gouvernement, est la plus essentielle de toutes celles que l'on peut concevoir et discuter aujourd'hui, parce qu'elle peut être étendue de manière à produire des résultats importans et prochains. J'en dois faire précéder l'explication de quelques considérations sur le papier.

L'argent est l'instrument de commerce le plus coûteux; il est donc avantageux d'en épargner la dépense effective et de lui donner fictivement une circulation plus rapide, qui lui fasse fournir sans cesse de nouveaux produits. Le numéraire qui existe en France est d'environ deux milliards et demi. Il est divisé en deux parties distinctes, quoique toujours mêlées. La première est en circulation continuelle ; c'est le véritable signe du commerce. L'autre, au contraire, est composée d'argent mort, qui n'a aucune valeur ni aucune utilité présente. C'est la partie qui reste dans les mains des particuliers pour fournir à leurs futurs besoins. Malheureusement cette partie est beaucoup plus considérable que l'autre. Pour en donner un aperçu, il suffit de dire que si nos vingt-cinq millions d'habitans avaient chacun 100 fr. en caisse, ils épuiseraient nos deux milliards et demi.

Quel est donc le meilleur moyen de faire rentrer le plus souvent cette partie du numéraire dans la circulation ? Telle est, à mon avis, la question la plus importante à la prospérité des Etats. Les banques d'Hambourg et d'Amsterdam sont établies d'après le mode le plus imparfait, puisqu'elles enfouissent l'or et l'argent. L'Angleterre, au contraire, par l'activité de la représentation de sa très-petite portion de numéraire, a continuellement étendu son commerce, a vu tous ses emprunts remplis, et a fourni à des charges immenses. Cette activité provient du papier qui est constitué comme la véritable monnaie du commerce, et qui est conservé par les particuliers, préférablement à l'argent. C'est ainsi qu'il enrichit l'Angleterre. Il a enrichi aussi l'Amérique septentrionale, quoique fondé sur la mauvaise foi et l'injustice. Son papier a été créé remboursable, à plusieurs années de date, sans intérêts, ce qui lui donna, dès son émission, une valeur très-inférieure à sa valeur nominale. Delà, les ordonnances qui condamnaient à des amendes tous ceux qui préféraient l'argent au papier, et mille autres ordres injustes et tyranniques. Mais comme ce peupe nouveau, dans un pays où tout était à crér ou à augmenter, avait un besoin extrême le facilités dans son commerce et son agricilture, un papier qui décuplait les relations éait un bienfait.

En France, le papier de Law n'était pas nécessaire, et cependant l'enthousiasme français l'ayant adopté, il valut deux pour cent au-dessus de l'argent comptant. Les actions mises à prix à cinq cents francs, montèren jusqu'à dix-huit mille livres, et tombèrent er suite à six francs. En effet, on l'avait créé t répandu avant que les compagnies sur le quelles il était hypothéqué eussent encore aucun bénéfice, avant qu'elles fussent même établies. Il est donc certain qu'il eût été bientôt déprécié, quand même on n'en aurait pas émis une aussi grande quantité. Par suite du mauvais esprit qui dirigea cette opération, on voulut le soutenir contre l'opinion publique, en le rendant forcé, en prenant de vive-force l'argent des particuliers, en condamnant ceux qui le cachaient, et récompensant ceux qui les dénonçaient, tous moyens arbitraires et vexatoires. Il en fut de même lors de l'émission des assignats. Ils amenèrent nécessairement à leur suite les remboursemens avec un dixième, quelquefois même avec un centième des valeurs primitives, les enlèvemens arbitraires de l'or et de l'argent, les dénonciations suivies des meurtres juridiques des prétendus accapareurs, et enfin la loi générale du maximum des denrées. Ce cortège est effrayant, et il suit toujours cet odieux arbitraire que le gouvernement, lorsqu'il veut établir un papier-monnaie forcé, exerce nécessairement et souvent malgré lui dans les transactions particulières des citoyens. Il se trouve contraint de voler la liberté publique et d'anéantir la morale individuelle.

Il n'en est pas de même du papier volontaire. Les avantages que l'Etat et les particuliers en retirent sont nombreux et incontestables. C'est le meilleur moyen de faciliter et de multiplier les relations du commerce, et celles même entre les particuliers. C'est par lui que l'on active la circulation du numéraire, et qu'on diminue la quantité de fonds morts. C'est avec lui qu'on libère de ses dettes un Etat qui a des ressources futures. C'est le meilleur mode d'emprunt, en le retirant à mesure que l'on a recouvré des moyens de paiement. Ainsi, je crois que le papier n'est jamais dangereux tant qu'il est volontaire, et qu'étant volontaire, il procure en tout tems un bénéfice certain à l'Etat et aux particuliers.

Cependant, comme le papier en France, d'abord volontaire, est devenu forcé, et a répandu le trouble dans l'Etat et dans les fortunes, la prévention la plus puissante y a succédé dans tous les esprits à l'enthousiasme avec lequel il avait été deux fois accueilli. Il est donc nécessaire d'offrir en France l'assurance d'un bénéfice certain pour inspirer la confiance, ou au moins pour faire adopter par intérêt le calcul utile à l'Etat.

Le papier que je propose sera

1°. Volontaire.

2°. Payable au porteur.

3°. Remboursable à chaque instant.

4°. Portant intérêt à cinq pour cent.

5°. Fondé sur une hypothèque inaliénable.

6°. Payé des intérêts sur un revenu spécial.

7°. Borné au montant de la valeur du gage.

8°. Payable dans toute la France à chaque caisse publique.

On voit qu'il réunit tous les avantages, et il est facile de prouver qu'il ne présente aucun des dangers que le papier a portés en France dans d'autres tems.

Il serait émis par la caisse d'amortissement, jusqu'à concurrence du revenu des postes capitalisé. Les intérêts seraient payés chaque année pour les moindres billets, et pour les plus forts, chaque trimestre, si l'on voulait, dans tous les bureaux de postes du royaume et dans toutes les caisses publiques des villes. Chaque billet serait remboursable à chaque instant. Ils seraient donc des espèces de lettres de change à vue, tirées par le gouvernement sur lui-même; mais ils seraient hypothéqués, comme des contrats, sur un gage impérissable, et ils porteraient intérêts, comme les effets entre particuliers.

Il est évident que le gouvernement ne pourrait pas faire de ce papier l'abus que l'on a fait des assignats, puisqu'il ne pourrait en émettre

qu'autant que le fonds spécial pourrait acquitter d'intérêts, et le fonds spécial étant le revenu des postes de 14 millions, il ne pourrait émettre de papier que pour 280 millions. Lors de l'établissement de la caisse d'escompte, on feignit d'assimiler ses billets à ceux de la banque de Law; M. Necker réfuta vivement cette assertion : « Ce n'est pas cer-
» tainement (dit-il) la simple ressemblance
» de deux morceaux de papier qui peut faire
» disparaître aux yeux des hommes sensés
» la différence énorme qui existe entre un
» papier de caisse qu'on reçoit librement et
» qui représente un dépôt réel, et un billet
» purement fictif que l'on est forcé de rece-
» voir en place d'argent. » Nous avons aussi sous nos yeux les billets de banque, qui sont utiles au commerce et qui n'offrent pourtant pas autant d'avantages que ceux que je propose, puisqu'ils ne portent pas d'intérêts, ne sont pas acquittés sur un seul revenu connu, ne sont pas bornés à une quantité fixe, n'ont pas une hypothèque inaliénable, et ne sont presque remboursables qu'à Paris.

Il est aisé de prévoir que les billets que je propose, ayant de si nombreux avantages sur ceux de la banque, seraient aisément répandus dans la circulation. Le ministre s'en servirait pour acquitter toutes ses dépenses, en ordonnançant chaque paiement du trésor, et ils conserveraient une valeur égale à l'argent, puisqu'on pourrait en obtenir sur-le-champ le remboursement. On sent aussi que le ministre ne pourra en faire entrer dans la circulation que la quantité que le public voudra bien en admettre. Elle sera moindre dans le commencement, et augmentera progressivement à mesure que la confiance s'établira ; mais quand le public n'en voudra plus recevoir, le ministre ne pourra jamais l'y forcer ; aussitôt qu'on en aurait reçu, on les rapporterait aux bureaux d'échange, et si le gouvernement prenait tout-à-coup la mesure de les fermer, elle ne lui servirait pas à en débiter de nouveaux, puisqu'alors le public ne voudrait plus ni des billets émis, ni de ceux à émettre. C'est-là ce qui empêchera nécessairement toute émission considérable. Tant que le papier sera déclaré et maintenu volontaire, il sera aussi utile aux particuliers qu'à l'Etat ; dès qu'il sera ou deviendra forcé, il sera aussi nuisible à l'Etat qu'aux particuliers ; et puisque nous en avons l'expérience, puisque le gouvernement est convaincu de cette vérité, il n'est pas possible qu'on veuille s'exposer, sans intérêt, à une ruine nouvelle.

Personne ne peut fixer d'avance la quantité que la circulation en pourrait accepter et conserver ; mais il semble évident qu'ils seraient répandus dans toute la France comme les billets de banque le sont à Paris, et cet avantage est essentiel. Chacun préférerait garder chez soi un papier à intérêt qu'un argent qui ne rend rien. On trouverait le même avantage en le gardant qu'en le plaçant, et on pourrait l'avoir à chaque instant et s'en servir en cas de besoin imprévu, ce qu'on ne peut quand il est placé à échéance. Enfin, on ne craindrait pas la mauvaise foi ni les banqueroutes des débiteurs. C'est ainsi que ce papier, en faisant entrer le numéraire dans les caisses de l'Etat pour être reversé dans la circulation, servirait d'abord à faire hausser nos fonds publics, tout en procurant des bénéfices au gouvernement, ensuite à lui rendre, avec de l'aisance dans les négociations, la confiance publique, qui peut seule assurer sa prospérité, et en définitif à acquitter une forte partie de notre dette.

Je ne m'étendrai pas longuement sur les moyens d'exécution, qui sont trop faciles pour être susceptibles de discussion. Il me semble qu'on devrait en émettre depuis douze francs jusqu'à mille, pour les répandre dans toutes les classes, et la seule échelle à suivre, à cause de la facilité du calcul des intérêts, serait celle de six en six. Un simple coupon qu'on enleverait au billet, ou, si l'on veut, l'apposition d'un timbre marquerait chaque paiement d'intérêts. Les échéances auraient été calculées d'avance, de manière à se rencontrer avec les jours de recette des receveurs généraux et particuliers; ainsi il ne pourrait jamais survenir aucun retard dans le paiement des intérêts, en quelque lieu qu'ils fussent demandés; et, par ce moyen, une partie de l'argent reçu des contributions, étant payée de suite, n'exigerait plus de frais de transport, et surtout ne resterait pas oisive; la circulation serait plus active, avantage qui doit servir de but à tout plan de finances.

Quel que soit celui de ces moyens d'exécution que l'on adopte, le résultat de cette opération est facile à concevoir. On procurera à la caisse d'amortissement, pendant un an, en lui confiant un capital de 240 à 280 millions, une puissance bien plus considérable que celle qu'elle recevrait d'une dotation de 14 ou de 20 millions annuels. On sent combien il est différent d'avoir 14 millions à montrer sur la place, ou d'en faire servir 280 à lutter contre la dépréciation des fonds publics. Lorsqu'un ministre des finances a 280 millions libres en numéraire, il peut ajouter peu à peu à la dette flottante des effets nouveaux, sans en faire baisser la valeur. Le rachat et l'émission bien dirigée se soutiennent mutuellement; et l'on ne s'aperçoit pas de l'augmentation progressive du papier, tant qu'elle est ainsi modérée. Mais un ministre ne peut rien avec vingt millions. Peu importe qu'ils soient annuels; car on ne peut agir efficacement qu'avec une grande valeur en main, que l'on puisse émettre et retirer à volonté.

Il est vrai que cette puissance serait anéantie dans un an, lorsque après avoir fait agir ce fonds sur la place, on l'emploierait à acquitter nos charges extraordinaires. Mais n'oublions pas que dans la situation actuelle, cet emploi est le plus pressant. J'ai dit, et je répète qu'il me semble indispensable de chercher de suite à se procurer de grandes valeurs pour faire face aux charges des années prochaines. Il est certain qu'un capital de 280 millions, pouvant être élevé aisément par des opérations à la bourse, dans le courant de l'année, à plus de 300, rétablirait de suite nos finances. Je ne calcule sûrement pas sur un bénéfice trop considérable; car tout financier pensera qu'avec un tel capital en main, on pourrait élever aisément la rente, tandis qu'il est certain qu'on ne l'élevera pas en retirant 20 millions en même tems qu'on en émet 700, ainsi que l'a ordonné le dernier budget. Mais il suffit, pour valider mon opération, qu'on puisse acquitter avec cette ressource les charges extraordinaires de l'année prochaine. Le ministre se trouverait de suite entouré, pour ainsi dire, d'aisance et de facilités, puisqu'il aurait plus de 150 millions d'excédant du budget ordinaire de 1817, entièrement libres, et un an et demi devant lui pour se préparer à subvenir aux charges extraordinaires de 1818.

Je n'ai point parlé des six millions ajoutés à l'amortissement, parce qu'il est évident qu'on peut trouver aussi des moyens de les capitaliser; mais je ne regarde pas comme prudent d'étendre cette opération avant qu'elle soit assurée, et avant que le public ait non-seulement accepté tous les billets émis, mais ait prouvé encore, par l'extension du commerce, l'accroissement des manufactures, et l'activité de la circulation intérieure et extérieure des marchandises, qu'il serait nécessaire d'en émettre une plus grande quantité. C'est faute d'avoir calculé les besoins du public qu'on a déprécié le papier en même tems qu'on l'émettait; et pour se tirer alors des embarras que l'on faisait naître soi-même, on essayait de lutter contre l'opinion, au lieu de se borner à aider et à satisfaire le public, ce qui doit être le soin unique du gouvernement.

On peut concevoir et exécuter dans un royaume aussi vaste que la France un grand nombre d'autres opérations avantageuses. En présentant d'abord celle-ci, et y joignant quelques autres, je serai heureux si je persuade que nos finances peuvent être aisément rétablies sans nouveaux impôts forcés. Je serai heureux surtout si je fais naître cette espérance dans le cœur du Roi, puisque nous savons tous qu'elle serait sa plus chère pensée.

SECOND MÉMOIRE.

Sur les finances du clergé, et emprunt sur les bois.

Le premier impôt fut volontaire et offert à Dieu. Il consistait dans les prémices des fruits de la terre, et les premiers nés des troupeaux. Lorsque la guerre fut établie régulièrement, les vainqueurs offrirent à Dieu, en reconnaissance, la dîme du butin. Mais les Rois étaient alors simples conducteurs des peuples, leurs pasteurs pendant la paix, et leurs capitaines à la guerre. Lorsque leur puissance fut étendue, lorsque Pharaon régna dans le palais des rois d'Egypte, Joseph établit l'impôt général et permanent; il le porta au cinquième du revenu. Il y joignit la première opération commerciale qui nous soit connue, en conservant pendant sept années une provision de blé qu'il vendit chèrement pendant la disette qui survint, et il amassa ainsi des sommes considérables dans le trésor du roi.

La dîme est donc, suivant notre religion, le premier impôt offert à Dieu, et le cinquième du revenu, le premier impôt recueilli par le roi. Mais l'homme, peu civilisé, avait alors peu de besoins; les terres jeunes, quoique peu cultivées, produisaient sans peine, et l'on payait l'impôt aisément, parce que l'on recueillait sans frais, et que l'on était habitué à dépenser peu. C'est à des peuples pasteurs que Dieu a dit : Vous me donnerez le premier né de vos fils. Vous me donnerez aussi les premiers nés de votre vache, de votre brebis et de votre chèvre, et ces peuples, encore grossiers, mais religieux, et qui habitaient un pays fertile, puisqu'ils ne laissaient la terre se reposer que tous les sept ans, se conformèrent à ces préceptes, qui ne leur imposaient pas des sacrifices trop pénibles. Notre vieille terre a besoin de repos tous les trois ans, et lorsqu'on la force au travail, la diminution des produits se compense avec le nombre des récoltes, tandis que la civilisation nous a donné des besoins et des habitudes qui multiplient et augmentent les dépenses. C'est aussi à un peuple religieux, divisé ou plutôt uni en tribus, c'est-à-dire vivant en frères, ayant des secours en commun, comme leurs prières, que Dieu a imposé une contribution personnelle, qui était la rançon de la vie, égale pour le riche et le pauvre, et payable annuellement depuis l'âge de vingt ans. Cette contribution est donc très-ancienne ; mais elle ne pesait point sur un peuple qui secourait sans cesse ses lévites, et était sans cesse secouru par eux.

Nous remarquons aussi chez ce peuple l'origine des donations aux pontifes de la religion, par des consécrations à Dieu, qui devinrent obligatoires et presque régulières, et même rachetables. Ainsi la consécration fut d'abord volontaire. Ce fut un acte de piété, un vœu fait à Dieu en toute sincérité, une prière pour obtenir une bonne récolte. Le défaut d'impôts fixes pour la subsistance des prêtres les força de chercher les moyens de subvenir à leurs dépenses nécessaires, et ensuite aux superflues. Les vœux étant habituels, l'impôt sur eux était facile. On imposa les hommes et les femmes qui se consacraient eux-mêmes, et leurs enfans consacrés par eux, ensuite leurs terres, tantôt pour la récolte, tantôt à bail amphytéotique, parce qu'on tenait à paraître respecter toujours la propriété des héritiers, puis leurs maisons, qu'il leur était permis d'abandonner à Dieu en toute propriété ; enfin les animaux et les fruits.

Tout était rachetable aux prix fixés par le sacrificateur, et même quant aux terres, en y ajoutant un cinquième; mais sur la consécration personnelle, on réduisait les prix en proportion des facultés du pauvre, de manière à ce qu'il payât aussi une petite part de l'impôt. On acceptait de lui la brebis boiteuse.

Ainsi les donations qui n'étaient originairement que des vœux, de simples prières adressées gratuitement à Dieu, devinrent, sous les lois de l'autorité, un impôt général, établi par progression, suivant les facultés, et recueilli, en cas de rachat, comme nos ventes à réméré, de manière que la valeur réelle que les prêtres recevaient, était double au moins de la valeur nominale qu'on était tenu de payer. On fut même forcé de se racheter quelquefois sans avoir été consacré. Enfin on sut aussi, dès le même tems, assurer le recouvrement des impôts. Lorsqu'on livrait aux décimateurs des produits ou des animaux inférieurs en valeur, ils les gardaient et faisaient en outre fournir de nouveau la dîme primitivement due. La loi du jubilé aidait à les percevoir, parce que les biens, ne pouvant être aliénés que pour moins de cinquante ans, restaient plus fixément dans les familles qui les soignaient davantage, et en payaient les charges avec moins de peine.

Tel a été le systême financier de ce gouvernement théocratique. On voit qu'il se rapporte au nôtre. Les voies et moyens employés dans les théories de l'impôt, sont toujours les mêmes; l'art des financiers consiste à les appliquer à propos, et à ne se servir que de ceux qui sont nécessaires, comme il vaut mieux diminuer les maux que multiplier les remèdes.

Mais ce n'était pas assez pour des prêtres souverains, de ne recueillir qu'un impôt et des donations particulières, ils devaient avoir l'état de rois, et même de chefs des rois. Ainsi, après avoir élevé les Israélites, leurs sujets, plus haut que les princes étrangers, comme furent depuis les citoyens romains, ils voulurent établir des siéges de souveraineté, et des villes leur furent spécialement consacrées. Le pays leur était soumis; un peuple immense suivait et révérait leurs lois, et de nombreuses villes leur servaient de palais. Mais le peuple entier voulut secouer leur joug, et Samuel essaya en vain de retenir le pouvoir. « Vous voulez un roi, » dit-il aux Hébreux; « malheureux! Vos fils seront » forcés de le porter en triomphe, ou mar-

» cheront à pied devant lui, ou le suivront
» comme de vils esclaves. Il les fera servir
» forcément à cultiver ses terres, et à ré-
» colter ses moissons, ou il les fera périr
» dans ses armées. Il prendra vos biens dont
» il dotera ses courtisans ou dont il paiera
» ses débauches; mais quand vous vous plain-
» drez, Dieu n'aura point pitié de vous, parce
» que vous aurez voulu votre malheur. »

Cependant, les rois firent fleurir la Judée. David fut un prince habile qui fonda le commerce, et en tira des bénéfices immenses. Par les deux ports qu'il fit construire sur la mer rouge, il se mit en relations avec l'Inde, et les échanges furent tellement à son avantage, que sa flotte lui rapportait, quelquefois en un seul voyage, plus de cent millions. Il percevait en outre, dans la Judée, des impôts qui se montèrent, sous Salomon, à près de deux cents millions. C'est parce que les impôts étaient excessifs, que le trésor de ce prince devint tellement considérable, que le roi d'Egypte l'attaqua exprès pour s'en emparer. Dans la suite, les rois de Babylone et d'Egypte imposèrent, en Judée, des tributs annuels. Cependant Crassus prit encore plus de quarante-deux millions dans le trésor du temple; et ce peuple qui avait été si puissant, fut sans cesse attaqué, vaincu et conquis par les princes étrangers. C'est ainsi que la grandeur Romaine et la puissance révolutionnaire de la France ont fini. Les mêmes causes ont amené toujours les mêmes résultats. Le pouvoir qui a fatigué les peuples est accablé lui-même, et il est forcé de subir les injustices qu'il a fait éprouver. L'autorité qui a été la plus croissante, dure moins long-tems, et décroît plus rapidement que celle qui s'est circonscrite dans des limites de compétence et de territoire. C'est surtout ici le lieu de remarquer que les impôts fondent l'auto rité qu'en croissant ils l'affermissent et l'étendent; mais aussi qu'en fatigant les peuples, ils les énervent, et les rendent incapables et inactifs dans les dangers qui surviennent ; c'est ainsi qu'ils amènent la décadence des empires.

St.-Jean-Baptiste ne se nourrissait que de fruits sauvages, et se couvrait des dépouilles des animaux qu'il tuait dans le désert. Jésus reçut des aumônes, mais si secrètes que la main gauche devait les ignorer. Il fallait abandonner tous ses biens pour le suivre, mais c'était aux pauvres qu'on les distribuait, et les apôtres se plaçaient comme égaux parmi les pauvres. C'est de lui qu'on garde cet ordre tant cité depuis, de rendre à César ce qui appartient à César : fondement de la puissance des rois et de leur indépendance de la religion. Ce ne fut pas sous Jésus que son gouvernement s'établit ; car il ne prit jamais le soin de le constituer et de fonder un revenu à son Eglise. « Dieu nourrit les petits des » oiseaux, » disait-il, et loin de vouloir attirer à ses apôtres des biens et des richesses qui auraient pu les rendre plus considérables sur la terre, il s'élevait, au contraire, contre les scribes, ces hommes à robes longues et à longues prières, qui dévorent les maisons des veuves. Il préférait aux riches aumônes, celle de la pauvre femme, qui donnait à Dieu une part de son indigence. C'est ainsi qu'il entraîna le peuple, et qu'il fit reconnaître dans ce monde le royaume des cieux.

Mais à peine eut-il laissé son héritage à ses disciples, qu'ils fondèrent le gouvernement de l'Eglise. Ils bornèrent le nombre des apôtres ; ils les élurent et régirent ensemble. On croyait alors généralement, d'après l'exemple d'Ananias, que tout homme qui embrassait la nouvelle religion, devait vendre tous ses biens, et remettre aux apôtres la totalité du prix. On institua les diacres pour la régie des trésors de l'Eglise, et ce fut contr'eux que s'éleva la première fureur du peuple. Etienne, le plus habile de leurs financiers, fut massacré à coups de pierre. Les apôtres voulaient, dans leurs disciples, un détachement complet des biens terrestres; ils leur disaient que Jésus, qui était riche, s'était fait pauvre pour eux; mais lorsque Simon, au lieu d'abandonner ses richesses, leur offrit seulement une somme considérable, Pierre lui répondit vivement : « Que » ton argent périsse avec toi. » C'est ainsi que l'on méprisait les richesses des incrédules, et que les croyans devaient donner tous leurs biens à la religion, non pour enrichir ses ministres qui étaient tous simples, modestes, dénués de besoins autant que de fortune, mais pour enrichir, affermir, étendre et honorer son Eglise. Lorsqu'ensuite des peuples entiers se convertirent, il n'était plus possible de détacher chacun de ses propres intérêts, dont le sort des familles dépendait; mais les ministres de la religion avaient droit à être nourris et entretenus par les fidèles; ce droit de subsistance était indéfini; on le régularisa en reprenant la dîme, qui était de la plus ancienne origine, et en conservant, en outre, la faculté, on peut dire même : la sainteté des donations.

C'est par suite de ces donations et pour en

assurer et en répartir la propriété, qu'on a institué le gouvernement de l'Eglise, et qu'on a élevé au-dessus de tous le serviteur des serviteurs de Dieu. La primitive Eglise n'eut qu'un seul chef, autour duquel on s'assemblait pour célébrer la pâque; cinquante mille religieux y étaient réunis quelquefois. L'évêque de Rome le devint sous le nom de pape ou père des fidèles, qu'il s'attribua au onzième siècle, étant déjà souverain indépendant depuis près de deux cents ans. Les églises étaient gouvernées et administrées par les évêques dès avant le quatrième siècle, mais les dîmes furent abandonnées aux curés. Ils eurent encore des droits fixés sur les mariages, les communions et autres offices, et ces droits furent toujours entièrement indépendans de la juridiction épiscopale. Ils prirent même quelquefois des suppléans dans leurs fonctions, en conservant la majeure portion des revenus. La ferveur de la religion forma un grand nombre d'établissemens ecclésiastiques de tous genres, et chacun d'eux s'enrichit de donations spéciales. Les hermites devinrent chefs d'ordres, et l'on en fonda même exprès pour distribuer plus utilement les dons des fidèles. Les premiers apôtres avaient propagé la religion en la prêchant;

on a conservé cette mission. On voulut aussi prendre soin du temple de Jérusalem et protéger les pélerins qui s'y rendaient. On étendit ce bienfaisant secours aux voyageurs dans les déserts, dans les îles inhabitées ou dans les montagnes glacées, en leur préparant des vivres, un logement, en construisant des ponts ou des bacs sur leur passage. Lorsque les infidèles réduisirent les chrétiens en esclavage, on se ligua pour se défendre contre eux, ou pour racheter les malheureux tombés entre leurs mains ; et l'on se dévoua de même à préserver ses concitoyens des ravages, des maladies, et de la peste même. On se consacra aussi à soigner les orphelins, les pauvres, les infirmes, et à convertir les pécheurs. Enfin, on voulut souvent se retirer du monde, pour vivre plus pieusement, pour se priver de tous les agrémens et plaisirs, ainsi que de l'aisance, et quelquefois même des besoins de la vie. Chacune de ces destinations religieuses trouva des croyans qui l'adoptèrent, et des bienfaiteurs qui la protégèrent. Chaque ordre fut pauvre à sa naissance, et devint riche par les donations. De quatorze frères réunis, treize coupaient du bois dans la forêt de Coucy, et le dernier vendait à Laon le bois coupé la veille. Trente ans après, ils formaient un ordre qui possédait cent monastères, tant en France qu'en Allemagne. Les richesses que des ordres acquirent causèrent souvent leur corruption, mais de tems en tems des hommes pieux les ramenaient à la vie exemplaire de leurs fondateurs.

Il est certain que les évêques étaient chargés anciennement de la suprême ordonnance du temporel des monastères, mais les supérieurs obtinrent du pape des exemptions qui les rendirent indépendans. Le clergé de France, divisé en séculier et régulier, devint riche peu de tems après que le roi eut adopté le christianisme ; car le petit-fils de Clovis, Chilpéric, disait : « Il n'y a que » les évêques qui règnent ; ils sont dans la » grandeur, et nous n'y sommes plus ». Au 18e. siècle, le clergé possédait presque le tiers des biens-fonds du royaume, et jouissait d'un revenu annuel de 120 millions, non compris les dons qu'il recevait dans l'année, qui pouvaient être évalués encore à 20 millions. On sait qu'il prétendait avoir le droit de ne pas payer d'impôts et de n'accorder au roi que des dons gratuits pour l'aider bénévolement à subvenir aux besoins de l'Etat. Il est certain, d'après les monumens historiques, que les terres de l'Eglise ont payé des tributs non contestés jusqu'en 1296, et qui, quoique contestés, ont continué jusqu'en 1561, ayant été alors remplacés, du consentement du roi, par un don gratuit, qui ne fut lui-même reconnu en principe qu'en 1711, ou même en 1726. Les monastères de la Terre-Sainte prétendent de même ne devoir que des présens aux pachas ; mais il en résulte qu'on les force à donner, au lieu d'impôts réguliers modérés, des présens immenses. Le clergé de France proposait des dons gratuits plus considérables que les taxes que les rois lui assignaient, parce qu'il voulait ainsi maintenir ses immunités, et il payait à des prêteurs des intérêts plus forts que les impôts qu'il eût payés au gouvernement. L'Etat perdait aussi ; car même en recevant plus qu'on ne demandait, c'était un capital arraché, pour ainsi dire, forcément, que l'on ne pouvait pas renouveler souvent et à époques fixes, de sorte que les financiers n'y pouvaient pas compter. Une contribution ordinaire profite mieux à l'Etat.

On voit, d'après cet exposé, que les prétentions du clergé, comme ordre, sont peu fondées, mais que ses biens lui sont arrivés par une suite de donations volontaires, et qu'ainsi aucune propriété n'est plus légitime.

Mais est-il possible de les lui rendre, et de quelle manière? Cette question est importante.

Aujourd'hui les revenus de l'église n'existent plus, et le clergé ne forme plus un ordre. Ses biens vendus à vil prix, par un acte de violence, dans un tems de désordre et d'impiété, sont actuellement si divisés, qu'un grand nombre d'intérêts privés leur sont attachés. Quant aux biens non vendus, on remarque que le clergé formait un ordre autrefois par la constitution du royaume, et il en était un des appuis. L'économie du gouvernement créé et constitué par Charlemagne, avait en effet pour principe et pour base l'équilibre entre la puissance du clergé et celle de la noblesse, maintenu par la puissance royale. Il n'y avait pas alors de tiers-état; il ne s'est constitué que par suite de l'affranchissement des communes, et il est aujourd'hui trop éclairé, trop puissant et trop accoutumé à l'usage de ses droits acquis, pour qu'on puisse le retirer de la constitution. Celle que le roi nous a donnée est fondée sur l'équilibre entre la puissance de la noblesse ou de la pairie, et celle du tiers-état, ou plutôt de la nation considérée collectivement, maintenues l'une et l'autre par le poids de l'autorité royale.

En outre, la charte constitutionnelle proscrit les dîmes, droits féodaux et priviléges, et défend de les redemander. Le motif qui a dicté ces défenses, est celui qui empêche leur rétablissement. La nation préfère l'impôt représentatif à l'impôt en nature, l'esprit religieux est affaibli, on ne veut plus supporter de charges ni de contraintes en sacrifice à la religion ; on ne voit plus Dieu dans le clergé, et on ne veut payer d'impôts qu'à l'Etat. Enfin, on ajoute que le clergé n'a jamais possédé lui-même, et que les rois ont même le droit incontesté de supprimer les établissemens ecclésiastiques. Mais on oublie dans cette discussion les droits les plus sacrés de tous, ceux des fondateurs. Ce sont eux qui se plaindraient avec une justice incontestable, s'ils renaissaient tout-à-coup au milieu des indigens dont ils ont nourri les ancêtres depuis tant de siècles, et à côté de ces prêtres qui sont aujourd'hui infirmes, et sans secours, après avoir joui de leurs bienfaits pendant cinquante années. Si les fondations ne sont pas sacrées, l'Etat perdra seul. Quels hommes seront assez généreux pour doter nos pauvres malades, quand ils sauront que l'Etat s'emparera de leurs bienfaits et annullera bientôt leurs charitables vœux ? L'Etat sera forcé de les nourrir, et des impôts plus considérables seront nécessaires. A mon avis, qui est absolument indépendant des circonstances, les établissemens ecclésiastiques ont été dotés, il faut reconnaître d'abord et exécuter ensuite, autant que possible, les conditions des fondations. Quand les rois ont supprimé des établissemens ecclésiastiques, ils ont presque toujours réuni leurs biens à d'autres du même genre, et souvent du même ordre. C'est ainsi qu'ils conservaient, autant que possible, les donations avec le respect qui leur est dû, et qui est entièrement dans l'intérêt de l'Etat. En admininistration, on peut prendre, il est vrai, les tempéramens que les circonstances nécessitent, mais il faut toujours proclamer ce qui est juste.

Il n'est pas nécessaire que le clergé soit un ordre, ni qu'il soit même propriétaire, pour rendre aux établissemens ecclésiastiques particuliers les biens qui leur ont été donnés. Je crois même que dans l'état actuel des choses, il serait politiquement avantageux de les affecter presqu'uniquement aux cures; ce serait se rapprocher, autant que possible, des intentions des fondateurs, et ces biens dépendraient alors du ministère de l'intérieur, comme les hospices et les communes, qui sont aussi propriétaires.

Mais quelle que soit la décision qui intervienne à ce sujet, en attendant qu'on les leur rende, ou en les leur rendant, il faut avoir égard à la situation actuelle de nos finances. On pourrait fonder sur les bois qui sont aujourd'hui dans les mains du gouvernement, une des opérations les plus importantes.

Je propose d'ouvrir un emprunt hypothéqué sur les bois, mais dans une forme nouvelle. On affecterait spécialement leur revenu tant au paiement des intérêts qu'à l'amortissement du capital. L'intérêt serait de dix pour cent, et le remboursement aurait lieu d'année en année, au moyen d'un cinquième réservé, et sur des coupons délivrés aux prêteurs, qui seraient payables au porteur, et par conséquent transmissibles et négociables. Ainsi, les bois rapportant aujourd'hui 25 mille francs, on ouvrirait un emprunt de 200 millions, dont l'intérêt serait de 20 millions la première année; il resterait cinq millions, que l'on délivrerait en remboursement du capital; de sorte que la seconde année on n'aurait que 19 millions et demi à payer d'intérêt, et on en rembourserait cinq et demi. Par cette progression, le remboursement serait terminé en dix-sept ans. On délivrerait donc à chaque prêteur dix-sept coupons, payables d'année en année, qui seraient du huitième de sa créance, ce qui comprendrait effectivement l'intérêt à dix pour cent et le remboursement progressif.

Cette sorte d'emprunt serait plus facile à faire adopter au public qu'aucune autre, parce que les capitalistes placeraient plus volontiers lorsqu'ils ne seraient pas obligés de se montrer et de se faire connaître, et aussi parce qu'on pourrait toujours, en cas de crainte des évènemens, ou même en cas d'embarras personnels dans sa fortune, négocier ses coupons et retrouver ses fonds en faisant quelques sacrifices, qui probablement seraient peu considérables, l'intérêt en étant déjà si élevé. Le gouvernement aurait l'avantage, que je regarde comme très-grand, dans la situation actuelle, de se procurer comptant 200 millions, sans rien aliéner, sans être jamais embarrassé du remboursement, puisqu'il serait confondu avec les intérêts, et seulement en abandonnant pendant quelques années le revenu des bois.

Je crois, je l'avoue, cette opération beaucoup plus avantageuse à l'Etat, tant sous le rapport de son budget prochain, que pour la conservation de ses revenus futurs, que la vente proposée de ces mêmes bois. M. Pitt n'attache, il est vrai, qu'un centième aux emprunts pour leur amortissement, et on les adjuge souvent, en Angleterre, à 3 ou 4 d'intérêts. C'est encore là ce qui prouve le crédit; mais nous, pour la première fois, ayons la sagesse d'essayer un emprunt à haut intérêt, et nous parviendrons ensuite, si nous sommes fidèles à nos engagemens, à emprunter plus avantageusement.

En Angleterre, lorsque le gouvernement ouvre un emprunt, chaque particulier peut y prendre en telle petite portion qu'il lui convient. Il dépose chez son banquier sa soumission et paie ensuite par dixième, de mois en mois, la somme qu'il a souscrite. Cependant, s'il se trouve sans argent, après avoir payé les premiers dixièmes, il porte à la banque son coupon d'emprunt: elle paie à son compte et à son profit les autres dixièmes, en ne lui retenant, lors du remboursement, que cinq pour cent de ses avances. C'est là encore ce que le manque de crédit nous empêche d'adopter ici. La banque ne confierait pas ses fonds à l'Etat; en outre, elle en tire toute la valeur possible; elle n'en prêterait pas à cinq pour cent sur des coupons qu'elle pourrait prendre à dix. Voilà pourquoi je propose de rendre ces coupons négociables, pour qu'on trouve sur la place, à un taux quelconque, que le cours marquera et variera, les avantages que l'on reçoit de la banque en Angleterre.

Ce mode empêcherait que les capitalistes fussent connus du gouvernement. Alors ils compteraient sur la sûreté de ce placement, dont les fonds circulant fictivement dans le public appartiendraient à tous, et seraient soutenus par le grand nombre des intéressés, ainsi que par la facilité du remboursement à chaque instant.

Le plus important avantage d'une telle opération est d'attirer en France l'argent de l'Etranger, ce qui devient nécessaire, lorsqu'on est obligé d'envoyer celui de France à l'Etranger. Le cardinal de Tournon fit établir, à Lyon, une banque, en 1544; elle empruntait à huit pour cent et attira les fonds non-seulement de l'Italie et de l'Allemagne, mais des Turcs même, qui y placèrent plus de 500 mille écus. C'est elle qui fit prospérer les manufactures de soie de Lyon qui venaient d'être formées en 1536. Elle servit à François Ier. à acquitter toutes ses dettes, et on trouva à sa mort dix-sept cent mille écus dans ses coffres.

TROISIÈME MÉMOIRE.

Sur les droits du sceau.

LES candidats ne portent plus de robes blanches ; ils ne vont plus, la bouche béante, admirer l'éloquence des électeurs dont ils sollicitent les suffrages ; ils n'obtiennent plus les places avec des pois jettés au peuple ; mais ils admirent l'éloquence des ministres, ils ont soin de se montrer partout en habits noirs quand la cour est en deuil ; ils laissent échapper avec négligence de mordantes épigrammes contre le parti opposé à celui de leur protecteur, et ils s'abaissent devant lui avec un humble respect tout-à-fait familier, qui en impose souvent aux étrangers. Ils se font ainsi regarder comme de petites puissances, puis ils sollicitent toutes les places, et en obtiennent une enfin à force d'importunités.

Mais ils sont les chefs et les modèles. D'autres, en grand nombre, n'ont pas obtenu leurs droits d'entrée chez les ministres ; ils sont assidus dans les bureaux et confient aux commis nés dans leurs départemens leurs pétitions sans cesse renouvellées. D'autres, en plus grand nombre encore, faute d'argent ou d'espérance, n'ont pas fait le voyage de Paris; mais calculant le peu de prix d'une feuille de papier, et la franchise du port aux ministres, hasardent d'envoyer chaque mois à chacun d'eux, la demande d'une nouvelle faveur qu'ils n'obtiennent jamais.

Quelle source abondante d'impôts! Les pétitions continuelles pour des places, des décorations, des titres honoraires et des lettres de noblesse, envoyées par un nombre immense de candidats, rendraient au trésor un produit considérable, si elles étaient imposées suivant un tarif progressif, en proportion de la valeur des faveurs demandées. Je ne crois pas même qu'il soit nécessaire d'en créer de nouvelles.

L'étranger qui arrive à Paris est surpris du grand nombre de nos décorations. S'il me demandait de les lui nommer, voici, lui répondrais-je, une croix au nom de Saint Louis, qui décore le brave officier mutilé dans les combats. Voilà l'étoile à l'image de Henri, ce monarque vaillant, juste et économe; elle décore les hommes les plus distingués dans le civil et dans le militaire. Ici est le ruban noir de ces anciens chevaliers, qui rachetaient les captifs quand ils n'avaient pu les défendre. Enfin, on voit de tems en tems des ordres étrangers décorer nos Français, lorsqu'ils ont adouci les malheurs qui pesaient sur les peuples vaincus. Mais on en demande un autre, ajouterais-je, dont le titre est plus brillant, celui des chevaliers de la couronne. Ils seraient les soutiens de l'Etat, les véritables défenseurs du Roi; car ils seraient décorés à condition de lui donner vingt louis par an pendant cinq ans.

L'étranger ne réfléchirait-il pas sur l'immoralité de distribuer des décorations à ceux qui offriraient de l'argent? et quelle est l'opinion qu'il prendrait d'un Etat assez pauvre pour distinguer et honorer ceux qui lui donneraient vingt louis? Il y avait anciennement un ordre de chevaliers de l'éperon, que la maison de Sforce vendait dix francs; mais ce n'est pas un exemple à imiter. L'homme d'esprit qui forma ce projet fut sans doute entraîné par son horreur pour le gouvernement précédent. Il a proposé de payer pour obtenir des décorations et des titres, parce que sous Bonaparte on les recherchait comme étant dotés, et surtout comme procurant des places lucratives. Les décorations portaient un revenu, et les militaires qui les avaient obtenues étaient préférés, même dans les administrations civiles. Mais parce que ce fut le vice d'un gouvernement, faut-il apporter dans le nôtre le vice opposé, et parce qu'on s'est, pour ainsi dire, vendu aux places, faut-il actuellement vendre les places ?

On a longuement discuté autrefois, et entièrement réfuté les prétendus avantages que l'on croyait retirer de la vente des offices. Je ne reprendrai point ce sujet. Je me bornerai à prouver que l'intention morale de M. Fiévée peut être remplie par un projet plus simple, plus convenable, je crois, et plus utile.

L'état actuel de la France est tel, qu'il n'y a plus de noblesse, et que le nombre des nobles est immense. Le corps n'existe plus, les privilèges sont anéantis, les titres seuls restent, et se multiplient chaque jour. La révolution a ajouté à ceux qui existaient anciennement ceux créés par Bonaparte, ceux que le Roi a donnés depuis son retour, et ceux qui ont été pris par un grand nombre de nobles qui n'en portaient pas autrefois. Ces quatre classes, qui sont toutes assez nombreuses, forment en total plusieurs millions d'hommes.

Les décorations sont encore plus générales; les ordres de Saint Louis et de la légion d'honneur, l'ordre de Malte et les ordres étrangers, le lis seul et ceux des gardes nationales dans chaque département, décorent presque tous les hommes libres de la France. Ce sont les conquérans qui ont les premiers multiplié, et par conséquent prostitué et avili les signes de distinction. Alexandre et les Romains en ont abusé comme Bonaparte. Les guerres ont forcé quelquefois d'en distribuer un grand nombre pour s'attacher les militaires, et quand elles étaient finies, on ne faisait plus d'estime des signes qui avaient été les plus recherchés, et pour lesquels on avait cent fois risqué sa vie. Montaigne nous dit que la décoration de l'ordre de l'étoile avait été si prodiguée sous le roi Jean, qu'il n'y avait plus que les chevaliers du guet qui voulussent la porter.

Il est donc certain qu'on pourrait établir en ce moment trois impôts volontaires, qui rapporteraient un produit considérable. Le premier consisterait à fixer un droit progressif sur les pétitions, en proportion de la valeur de la place ou de la faveur quelconque que l'on solliciterait. Cet impôt serait recouvré aisément et sans frais. Ce serait un timbre appliqué en marge de la pétition, comme il l'est sur les lettres-de-change en raison de leur valeur. On achèterait le papier à pétition chez les receveurs du timbre, comme on y achète le papier à quittance. Il est impossible de compter le grand nombre de places dans l'Etat, le plus grand nombre d'autres faveurs que l'on sollicite chaque jour, et le plus grand nombre encore de candidats qui sollicitent chacune d'elles. Ainsi un droit fixé au centième du traitement ou de la valeur de la place ou faveur demandée, serait un des impôts les plus productifs; ce serait assurément le plus facile à recouvrer, et le seul contre lequel il ne pourrait jamais s'élever de réclamations. On pourrait même en augmenter le produit en créant plusieurs places qui manquent dans l'organisation actuelle. Telles sont celles de capitaines-généraux dans l'armée, qui serviraient d'intermédiaires entre les lieutenans-généraux et les maréchaux de France, peu d'officiers généraux pouvant obtenir ce dernier grade. Telles sont aussi celles d'inspecteurs-généraux de l'administration, qui serviraient au ministre de l'intérieur à surveiller et surtout à rendre uniforme l'administration des préfets. Telles sont encore celles des contrôleurs ambulans dans l'administration, chargés de vérifier les comptes des communes, des hospices, des octrois, des routes et des perceptions, où il y a continuellement des désordres et des abus, des délits ou de la négligence.

Le second impôt consiste à ordonner une révision de la noblesse, et à lui appliquer un droit. C'est ce qui a été souvent exécuté en France, entr'autres en 1670. Louis XIV, en 1702, avait fixé le droit d'annoblissement à 6000 liv., qui en valent aujourd'hui 11000, puisque le marc d'argent ne valait alors que 29 fr. En Angleterre, les capitations imposées sous Guillaume III, furent réglées suivant les rangs, et il y eut une échelle de progression sur la noblesse, depuis les écuyers jusqu'aux ducs et aux pairs. Il est constant que le roi seul ayant le droit de faire des nobles, peut en ordonner la révision, et fixer, suivant une échelle de progression, les droits de vérification et d'enregistrement.

Le troisième consiste à établir une rétribution légère et annuelle, payée par tous ceux qui acceptent et portent des décorations. Il y en a en France une telle quantité, qu'à 5 fr. par an seulement, on recouvrerait plus de 20 millions annuels; et en fixant une rétribution plus considérable pour les ordres étrangers, et pour les officiers des autres progressivement, on pourrait tirer de cet impôt 25 à 30 millions annuels, sans toucher à la masse de la nation.

Tel est, en effet, le grand avantage des contributions volontaires. On s'impose soi-même, on désire, on sollicite l'impôt et il ne frappe que ceux qui non-seulement peuvent, mais encore veulent le payer. Ici c'est l'amour-propre que je mets à contribution, non comme M. Fiévée, en lui proposant un ordre qui ne le flatterait pas, mais au contraire en imposant son luxe actuel, cette *faim d'honneurs*, suivant l'expression de Montaigne, et cet amas de signes de distinction que l'on a pris pendant quelque tems pour des titres de gloire. Ah! que Bayard et Duguesclin seraient étonnés de voir donner, même sur le champ de bataille, un signe extérieur pour une belle action qu'ils faisaient avec tant de simplicité! Quand une écharpe, brodée de la main d'une demoiselle, semblait si honorable, c'est qu'on y attachait, non son amour-propre, mais son sentiment. Les servans d'armes étaient fiers d'aimer, ils soutenaient la beauté de la dame de leurs pensées, ils portaient sa couleur, mais aucun Français ne se vantait d'être guerrier; aucun n'eût pensé à porter un signe pour prouver qu'il avait combattu. Ils portaient l'audace et quelquefois la jactance dans les défis, mais jamais après la guerre. C'est en allant au combat qu'Henri IV montrait son panache.

Mais puisque l'amour-propre est, pour ainsi dire, constitué légalement, et qu'il a publié ses lois, respectons-les, et servons-nous de lui pour aider l'Etat. C'est en quelque sorte un de ses domaines que j'ai cherché à cultiver, et je ne crois pas que ce soit le dernier que l'on exploite. Comme le dit La Rochefoucauld : *Quelques découvertes que l'on ait faites dans le pays de l'amour-propre, il y reste encore bien des terres inconnues.*

QUATRIÈME MÉMOIRE.

Don gratuit aux élections.

Le système électoral est la base du gouvernement représentatif ; mais il ne s'agit pas seulement de l'instituer politiquement, il faut encore que ses élémens soient en rapport avec les principes de morale et de civilisation de la nation. S'appliquer seulement à créer les pouvoirs électoraux, de manière à ce qu'ils ne troublent point l'Etat, c'est ne s'attacher qu'à la lettre de la loi, et en négliger l'esprit. Le peuple doit jouir de ses droits naturels et de ses droits politiques ; il doit n'en jouir que de manière à ne pas se nuire à lui-même. Tel est le premier principe des élections ; mais le second, tout aussi important, consiste en ce qu'elles doivent être instituées de manière à graver dans l'esprit des électeurs la conviction intime de leurs devoirs, et surtout en France, de leur attachement au roi et à la patrie, parce que le roi et la patrie sont, dans l'état actuel de notre civilisation, les premiers objets de nos affections politiques.

Le gouvernement constitutionnel de la France est monarchique, aristocratique et démocratique. La partie monarchique est prépondérante, et c'est ce qui assure sa durée et sa tranquillité, tant que le monarque n'abandonnera pas lui-même son pouvoir. Un roi qui propose la loi et la sanctionne, qui organise et commande l'armée, qui fait la guerre et la paix, qui choisit les juges, qui répartit et perçoit l'impôt, et qui possède le pouvoir exécutif dans toute son étendue avec le beau droit de grâce, est un souverain très-puissant. En outre, il est héréditaire, par conséquent légitime, et comme tel, plus respecté, plus vénéré, plus aimé, parce qu'on reporte sans cesse sur lui l'admiration et l'amour que ses ancêtres ont inspirés. La partie aristocratique est concentrée dans la chambre des pairs. L'ancienne et la nouvelle noblesse n'existent, pour ainsi dire, que fictivement, puisqu'elles ne jouissent que de titres inutiles. Le roi n'a point réformé le corps de ses premiers soldats, parce que son trône est établi sur d'autres appuis. Les pairs forment aujourd'hui le seul corps privilégié; c'est donc la seule noblesse dans l'Etat. La partie démocratique consiste toute entière dans ce principe éternellement reconnu en France, que chacun peut être appelé aux plus hautes charges et distinctions dans l'Etat ; et en effet, chacun est appelé en France au seul privilége existant, puisque tout Français peut être créé pair ; anciennement même, la noblesse pouvant être indistinctement conférée par le roi, chacun pouvait parvenir à tous les priviléges, en suivant seulement les degrés institués. La chambre des députés est créée pour maintenir cette partie démocratique et pour défendre les droits et les intérêts de la nation.

Il est évident, après avoir ainsi reconnu les élémens de notre constitution, que les élections doivent être organisées de manière à conserver les droits politiques de la nation, à affermir en même tems l'aristocratie et à attacher le citoyen à son roi et à sa patrie.

Tel est le problême à résoudre.

On conçoit que dans des Etats nouveaux et libres, on ait établi des élections générales et directes. Il suffit d'avoir 3 livres de revenu dans la plupart des Etats-Unis pour y concourir. Mais, en Angleterre, on a attaché le droit d'élire aux localités, ce qui est injuste en principe et plus encore dans l'application. Il est résulté de ce mode une inégalité qui anéantit peu à-peu toute la partie démocratique du gouvernement, et le pouvoir royal, entièrement régi par un ministère de pairs dont les collègues ont la majeure partie des élections à leur disposition, est fortement exposé aux entreprises de l'aristocratie. Il en est résulté aussi une corruption telle que les plus grands seigneurs vendent le plus beau droit du citoyen dont ils se regardent comme propriétaires, et qu'on achète les élections qui sont encore nombreuses, en payant ou énivrant les fiers et libres Anglais.

Préservons-nous de cette corruption, en repoussant à jamais des élections immédiates et inégales. Attachons surtout une grande importance à ces opérations. Je voudrais dire à chaque citoyen : « La patrie t'appelle et te regarde. Sache que tu vas choisir celui qui fera les lois de l'Etat, celles qui anéantiront ou accroîtront sa prospérité, qui doivent améliorer les mœurs ou les corrompre, qui décideront de ta fortune et de ta vie, et qui prépareront le bien-être de tes enfans, ou les dévoueront d'avance à la misère, à la honte, au malheur. » Quand nous serons pénétrés de l'importance de ces fonctions, nous voudrons que notre système électoral soit fondé sur les principes de la morale. On balancera tous les intérêts par la conservation de tous les droits, et on se maintiendra tous individuellement, en se soutenant les uns par les autres. Nous serons fiers surtout de notre droit d'élire; nous nous regarderons comme membres du gouvernement, dès que nous serons appelés à nos fonctions de citoyens; et nous voudrons, en les remplissant avec orgueil autant que par devoir, établir une preuve constante de notre droit reconnu, conservé et exercé. Alors, au lieu de le vendre, comme en Angleterre, nous le consacrerons par un don gratuit, véritable signe de l'union générale.

Je crois que les élections en France doivent être divisées en quatre degrés, qui sont en rapport avec la division territoriale, avec les intérêts particuliers des citoyens, et avec les établissemens publics. Comme elles n'ont pas lieu pour créer une constitution, mais au contraire sous l'empire de celle qui existe, il est évident que leur organisation doit être en rapport avec les institutions. Ainsi il doit y avoir élections communales, cantonnales, d'arrondissemens et de départemens. Le maire, qui est l'homme du gouvernement et des habitans en même tems, qui administre en père de famille, par représentation du prince dont il est le mandataire, et qui est chargé surtout, en cette qualité, de veiller à ce que les citoyens ne se nuisent pas à eux-mêmes, doit nécessairement présider à l'élection de sa commune. Ainsi le peuple exercera ses droits politiques sous la douce et nécessaire surveillance du pouvoir exécutif, mais avec autant d'indépendance que l'esprit humain peut en conserver dans l'état social, sous l'influence des relations habituelles. On voit que le pouvoir royal et l'aristocratie agiront dans cette première élection, selon que le maire tiendra plus à l'une ou à l'autre. Je suis d'avis de soutenir un peu l'aristocratie dans les secondes élections, en instituant un président héréditaire choisi parmi les pairs ou leurs familles, autant que possible, ou parmi les familles distinguées et destinées probablement à être un jour appelées à la pairie. Les colléges d'arrondissement choisiraient eux-mêmes leur président, et le Roi nommerait celui du collège de département. On doit concevoir les motifs de ces différences. L'assemblée communale, quoique libre, sera dirigée par le maire, l'homme le plus lettré et le plus sage du village; l'assemblée de canton sera de même guidée presque toujours par son président; et comme les maires, dirigés par les délégués du pouvoir royal, l'auront servi en majeure partie dans le choix des électeurs, il est nécessaire d'employer l'influence du grand propriétaire, de l'homme puissant du canton, pour soutenir la partie aristocratique du gouvernement. Alors l'assemblée d'arrondissement sera composée d'hommes dévoués principalement au gouvernement, et d'autres principalement dépendans de l'aristocratie, mais tous éclairés, ayant des intérêts de propriété qui les attachent à la patrie. Il faut rappeler à ces électeurs qu'ils sont libres, et les laisser agir sans aucune entrave; l'influence d'un président serait peu utile auprès d'eux, parce qu'ils arrivent à l'élection avec leurs principes établis, et par conséquent leurs choix faits; et souvent cette influence serait nuisible, en les irritant contre la puissance qui voudrait l'exercer, et en les poussant ainsi au-delà des bornes. Au contraire, c'est le Roi qui doit choisir, parmi les membres du collège électoral de département, le président, pour allier le pouvoir royal aux principaux de la nation, et pour donner à tous, dans la personne de l'un d'eux, une distinction flatteuse; mais il ne convient pas que le Roi envoie, pour présider l'assemblée des hommes les plus distingués d'un département, un étranger qui leur soit inconnu et qui leur apporte des prétentions personnelles. Il ne faut pas qu'ils soient ainsi froissés dans leurs intérêts particuliers, et quelquefois dans leur amour-propre, par la qualité ou le maintien du président qu'on leur envoie. On en a vu que les électeurs n'estimaient point, et l'on en a vu aussi qui ne montraient point d'estime aux électeurs : il est fâcheux de faire ainsi mépriser ou prendre en haine des représentans de l'autorité royale.

Quant aux fonctions des colléges, il est facile de les spécifier. Les communes éliront les électeurs cantonnaux et des candidats aux conseils municipaux. Les cantons choisiront les membres de ces conseils, les électeurs d'arrondissemens, et des candidats à la commission des hospices. Les arrondissemens nommeront les membres de ces commissions, les électeurs de département et des candidats au conseil d'arrondissement. Les colléges de département éliront les membres de ces conseils, les députés à la chambre, et proposeront au Roi des candidats pour le conseil général du département.

Il s'agit aussi de fixer les qualités des électeurs. La constitution a fondé le droit d'élection sur le droit de propriété, chaque citoyen ayant dans l'Etat une importance proportionnée à ce qu'il y possède. Les députés doivent payer une contribution de 1000 francs au moins, et *les électeurs qui concourent à leur nomination*, c'est-à-dire les électeurs de département, puisqu'ils sont les seuls qui y concourent, doivent en payer une de 300 fr. au moins. On peut encore limiter à 150 fr. les électeurs d'arrondissement, et à 50 fr. ceux des cantons, et n'appeler même aux assemblées des communes que les habitans qui sont propriétaires, c'est-à-dire, ceux imposés au rôle foncier. Tous les électeurs seraient à vie; on n'aurait tous les cinq ans qu'à appeler aux assemblées de communes les nouveaux domiciliés et les nouveaux majeurs, et à renommer dans les autres les membres manquans par décès, avancement ou perte des droits civils. Je crois pouvoir affirmer que ce mode servirait à maintenir l'esprit de la constitution actuelle, et à l'appliquer justement à toutes les institutions.

Mais c'est en suivant ces principes que l'on peut rattacher à notre constitution une des plus anciennes coutumes de notre monarchie, qui fut pendant longtems presque une des lois de l'Etat.

Le souverain ou le gouvernement, dans la plupart des anciens Etats, vivait de ses domaines; ils lui suffisaient, il n'y avait point d'impôts forcés, ni directs, ni généraux; on n'en percevait que quelques-uns de volontaires, d'éventuels et de spéciaux, apportés au souverain comme dons plutôt que comme rétributions. Tels furent même le vasselage et le patronage chez les Francs. Mais lorsque le désordre et la prodigalité eurent anéanti presque tous les domaines, on sollicita, ensuite on exigea des dons gratuits; et on les conserva, même après que les impôts, directs et indirects furent généralement établis. En France, la coutume était d'acquitter ces dons au roi lorsqu'il faisait son fils aîné chevalier, lorsqu'il mariait sa fille aînée, lorsqu'il survenait une guerre, ou lorsqu'il était fait prisonnier. Par la suite, ces dons furent échangés contre un droit fixe et régulier avec attribution spéciale, comme au mariage d'Isabelle, lorsque Philippe-le-Bel imposa ses sujets et ceux des seigneurs, en proportion, dit-il, des dons qu'ils leur font lors du mariage de leurs filles; et aussi comme lorsqu'on déclara à Charles V que le dixième de l'aide qu'on lui accordait était pour lui-même, et le reste entièrement affecté aux dépenses de la guerre.

Ce droit était, dès le tems de Louis-le-Débonnaire, une véritable contribution imposée sur la noblesse, le clergé et le peuple, et répartie sur le revenu des fiefs ou des alleux que chacun possédait; il n'y a pas eu d'autre contribution en France jusqu'au 13e. siècle. Mais la noblesse, qui fut puissante longtems, conserva toujours avec soin le nom du don gratuit, et le clergé le reprit en 1580. Les états ont aussi conservé toujours la coutume d'offrir au roi des dons gratuits toutes les fois que l'Etat était obéré; et les villes même en offraient dans les malheurs publics. Après la bataille de Saint-Quentin, Paris fournit au roi un don gratuit.

Aujourd'hui il n'y a plus d'états ni d'ordres de la noblesse et du clergé; il n'y a plus que des propriétaires, des électeurs; c'est donc à eux, à leur patriotisme qu'il faut demander le don gratuit. Ils l'offriront au roi au moment même qu'ils viendront procéder aux élections, et en remplissant leurs devoirs de citoyens, ils se rappelleront ainsi ce que chacun doit sans cesse de sacrifices à sa patrie.

Mais pour ne souffrir en ces sacrifices même aucune incertitude, aucun arbitraire, et pour que la charge en soit légère, il est bon de la fixer d'une manière certaine et immuable. Les électeurs communaux donneront tous les cinq ans 5 francs; ceux de l'assemblée de canton y donneront 10 francs; à l'assemblée de l'arrondissement, 20 francs, et au collége du département, 60 francs; ce qui sera, en résultat effectif, un impôt de 1 fr. par an pour les électeurs des communes, et de 12 fr. pour les propriétaires les plus riches et les plus distingués de chaque département. Enfin, je propose que les députés eux-mêmes fassent, à leur nomination, un don de 1000 fr. Ces légères contributions ne sont pas à dédaigner, car elles produiraient au moins 50 millions. Mais il est des considérations plus importantes sous les rapports de la morale et de la politique.

Si l'on examine ce projet politiquement, on reconnaîtra qu'il est, pour ainsi dire, le complément du système d'élection de notre gouvernement représentatif; et peut-être ce mode empêchera-t-il que d'autres genres d'impôts irréguliers s'établissent au profit de la corruption du peuple ou des grands. Je m'explique : il est impossible que dans un Etat où la réputation, les honneurs et la fortune même dépendront en majeure partie des élections, il n'y ait pas une grande activité à les solliciter. Il s'établira nécessairement un lien entre l'électeur et le candidat, et il semble, au premier aperçu, que ce doive être au candidat à offrir, comme en Angleterre, un prix de suffrage à l'électeur. Mais ici on n'établira pas que ce soit le peuple entier qui nomme immédiatement ses députés : on veut circonscrire dans une classe, celle payant, par exemple, 300 fr. d'impôts, le droit d'élection ; alors cette classe, aisée et éclairée, ne recevra pas un prix en argent ; on la séduira avec des formes, et le premier propriétaire, qui sera le seigneur du pays par ses richesses et peut-être aussi par ses dignités, acquérera une espèce de droit de patronage à force de services rendus aux électeurs par ses ancêtres et par lui-même. Il semble certain que la corruption future de ce droit de patronage sera le rétablissement des seigneuries pour les hommes riches, au lieu des anciens nobles, et ils auront alors pour vassaux les électeurs, et pour esclaves les autres habitans, qui le seront déjà de fait dès qu'ils seront exclus de l'exercice du premier, et, pour ainsi dire, du seul droit des citoyens, du droit d'électeur. Mais qu'on établisse quatre degrés d'élections, qu'on fixe une rétribution que chaque habitant sera fier de payer, parce qu'elle marquera l'exercice de ses fonctions civiques et le lien qui l'attache à la patrie ; que les assemblées de la nation soient assez divisées pour qu'elles soient toujours peu nombreuses et paisibles, et qu'enfin les trois pouvoirs fondamentaux de la constitution, la royauté, l'aristocratie et la démocratie, aient action dans le système électif, sans se nuire, alors vous maintenez l'ordre actuel de l'Etat, le roi domine sans crainte, la noblesse, circonscrite dans les familles de pairs, acquiert la force qui lui est nécessaire, et la nation jouit sans dangers de ses droits. Enfin, il est malheureusement vrai qu'on sera plus assuré de la conservation du système électif, quand l'Etat en tirera un revenu.

On conçoit aussi combien ce mode changera les idées morales de la nation. On a été payé d'une manière, on peut dire, ignoble sous Bonaparte, pour venir manquer à ses devoirs. On paiera maintenant pour être appelé à les remplir librement et avec équité, pour être appelé à se montrer bon citoyen, défenseur du peuple et serviteur du roi. On saura que les places ne sont pas lucratives, mais onéreuses, qu'on doit à sa patrie de la servir par intérêt pour elle, et non par intérêt pour soi; et croit-on que la génération nouvelle, élevée devant ces exemples, ne sera pas plus pure, plus morale, plus portée à remplir ses devoirs religieux, ainsi que ses devoirs politiques? Ce n'est que par l'établissement de bonnes institutions que nous pourrons peu-à-peu anéantir les principes révolutionnaires, réformer les mœurs et rétablir, dans l'opinion publique, les véritables bases du trône de notre monarchie. Qui nous a perdus? qui a perpétué les désordres pendant vingt-cinq ans? L'amour de l'argent, qui attache encore aux souvenirs de la révolution ceux qui désirent acquérir une fortune. François Ier. disait de ses gentilshommes, dans une ordonnance de 1534, que leurs revenus suffisaient à peine aux frais qu'ils faisaient pour le servir. Reprenons notre caractère. La gloire a été trop chèrement payée depuis vingt-cinq ans; le désintéressement peut seul nous rendre nos antiques vertus, dont l'éclat est moins brillant, mais plus pur. C'est ici qu'on doit se rappeler ce beau mot de Washington, qu'il a consacré dans les statuts de l'ordre de Cincinnatus: *La gloire des guerriers n'est complette que lorsqu'ils remplissent les devoirs de citoyens.*

CINQUIÈME MÉMOIRE.

Sur le convertissement des pensions.

On se rappelle ce terrible mot de Porcius Caton, lorsqu'il renvoya les fournisseurs de son armée : « La guerre se nourrit elle-même. » C'est ainsi que la guerre a fait tant de ravages; parce qu'il n'est pas de fléau qui dépense autant. Ses agens, ceux qui portent les traits de sa colère, sont maudits autant qu'ils sont redoutés. Cet état de choses blessant la morale, on s'est efforcé de chercher les moyens de le réformer. Machiavel lui-même exprime le désir qu'on ne choisisse pour soldats que des citoyens vertueux. Ce serait difficile et même nuisible à exécuter. Le fardeau du recrutement péserait entièrement sur les familles morales et utiles ; on ne trouverait presque point de soldats volontaires, et on laisserait errer dans la nation tous les hommes sans état. Dans un ouvrage attribué au connétable de

Montmorency, qui ne savait pas écrire, mais qui a sans doute été composé par un de ses plus dévoués serviteurs, on propose des moyens plus convenables, dont quelques-uns viennent d'être adoptés, sans qu'on se soit douté de leur origine. On y conseille la formation de légions provinciales, dont tous les officiers, gentils-hommes du même pays, rivaliseraient de zèle et de soin pour bien composer leur corps, et y maintenir une sévère et exacte discipline. On y propose aussi de faire adopter et exercer par chaque soldat un métier utile à la troupe, et de le payer en proportion de son ouvrage. Ce projet est praticable, sinon pour tous les soldats, au moins pour une partie, et il est éminemment avantageux. Le soldat acquérerait un peu plus d'aisance et par conséquent de contentement ; il pourrait envoyer des secours à ses parens, et ne plus leur être aussi étranger qu'il l'est actuellement ; il entretiendrait avec eux des relations suivies et utiles dans l'état social. Enfin on lui éviterait l'oisiveté, et les dangers, les vices qui lui sont attachés.

Les belles législations ont un ensemble dont les développemens sont très-intéressans.

Lycurgue voulait établir une constitution essentiellement militaire. Il défendit de marier les filles trop jeunes, et les fit élever, comme l'a dit le savant auteur d'Anacharsis, sous les regards brûlans du soleil, dans la poussière du gymnase, dans les exercices de la lutte, de la course, du javelot et du disque. Il condamna même à périr les enfans mal conformés ; et ceux qui étaient destinés à vivre étaient élevés en commun, nourris dans des repas publics, très-frugalement, et tellement occupés à des exercices militaires, qu'on disait que la guerre était pour eux le tems du repos. C'est ainsi que Lycurgue, formant des mères robustes et des hommes forts, créa des soldats.

Mais nous, législateurs actuellement d'une nation civilisée, divisée en classes distinctes toutes utiles à la société, nous devons maintenir ces classes, si nous voulons affermir le repos de l'état social. L'agriculteur, le commerçant, le magistrat et l'homme de lettres doivent être protégés dans leurs travaux, dans leur existence particulière, sans les en sortir jamais. Il est aussi important que les lois créent d'utiles agriculteurs, pour nous nourrir, que de braves soldats pour nous défendre. L'intérêt véritable du gouvernement n'est point de changer tous les hommes en guerriers, mais d'en faire des citoyens ; et le soldat lui-même sera citoyen quand il sera attaché à la terre de sa patrie.

Mon système de recrutement et de paiement des militaires consiste donc à ne point appeler au service ceux qui sont déjà intéressés d'une autre manière à la stabilité de l'ordre social, et à se servir de l'état militaire pour attacher à la patrie ceux qui n'ont aucun intérêt commun avec elle. Ce systême me semble assez important pour que l'on puisse accorder quelqu'attention à son développement.

Le recrutement s'opérait, dans notre ancienne Gaule, par la conscription, loi des Romains. On publiait chaque année le nombre des recrues, et on le répartissait entre les provinces et les communes. On tirait au sort les conscrits. On pouvait s'exempter du service en fournissant un soldat, ou en payant au gouvernement une taxe de remplacement, qui était d'environ douze cents francs. On sait combien Bonaparte abusa de ce moyen puissant de créer des armées, et sa conscription était encore plus sévère, plus étendue et par conséquent plus productive que celle des Romains.

Mais le Roi, en rentrant en France, a prononcé l'abolition de la conscription, et l'a consacrée dans la charte constitutionnelle. Il s'agit donc de trouver un autre mode de recrutement ; car on ne pense pas, sans doute, que l'on puisse compléter l'armée avec des enrôlemens volontaires. Il n'est qu'un seul moyen, c'est de former, comme les Romains, le contingent, et de le répartir entre les communes, en laissant au choix des conseils municipaux le soin d'acheter et de fournir le nombre d'hommes fixé. C'est le Mois Romain de l'empire germanique appliqué à tous les citoyens, parce que tous en France sont seigneurs de leurs personnes. Alors s'établirait, comme sous nos rois, la bourse de milice, qui n'a jamais été trop pesante pour les communes, et cette contribution paraîtrait aujourd'hui un bienfait, puisque ce serait un droit d'exemption de l'ancienne et terrible conscription En Amérique, les Quakers paient un droit qui les exempte du service militaire. Ici ce serait la nation presque entière qui en serait exemptée ; je dis presque entière, car, pour être certain de n'éprouver aucune difficulté, je voudrais que l'on déclarât un maximum quelconque pour la somme d'achat, et que lorsque le contingent n'aurait pas été fourni volontairement à ce taux, chaque bourse fût tirée au sort entre les habitans valides de vingt à trente ans, ne payant pas dix ou même vingt francs d'impôt. Ceux-ci ne souffrent point de la conscription ; ils sont souvent mieux à l'armée que chez un maître, et il semble même que notre constitution, fondée toute entière sur la propriété, ne les regarde pas comme citoyens, parce qu'ils ne sont pas propriétaires.

C'était aussi sur la propriété qu'était fondé le recrutement en France, dès les plus anciens tems de la monarchie. Comme tous les seigneurs alors étaient militaires, ils étaient tenus de se trouver en personne à l'armée ; mais les petits propriétaires d'alleux n'étaient obligés de fournir qu'un homme à raison de trois manoirs. Ceux qui n'avaient point de terres devaient livrer un homme entre six ayant cinq sols de revenu.

Ces calculs, basés sur la propriété, sont les plus équitables ; mais il faut, comme je l'ai dit, lier, autant que possible, les hommes à la patrie, en les attachant à la terre. Les soldats peuvent devenir quelquefois sous-officiers et officiers ; mais ils n'ont point de fortune à attendre en se retirant du service. Si même ils sont devenus officiers, ce qui est rare dans les tems ordinaires, ils ne peuvent espérer qu'une médiocre pension viagère de réforme ou de retraite, quand ils sont mis par la guerre ou par l'âge hors d'état de servir; et s'ils se marient, ils n'ont rien à léguer à leurs enfans. A Rome, on donna des terres aux vétérans, et c'est alors que son gouvernement s'affermit, s'étendit, et devint monarchique. Les nôtres sont occupées, notre population est agglomérée partout, et cultive avec soin, parce qu'elle possède. Cet état de choses est le meilleur de tous. Nous pouvons fournir à ceux qui ne sont pas propriétaires des moyens de le devenir, en leur perpétuant les récompenses méritées par leurs pères. Je propose de convertir les pensions militaires qui sont viagères en perpétuelles, mais seulement dans la ligne directe, et le descendant de trois braves guerriers jouira de trois pensions de ses pères auxquelles il ajoutera un jour celle qu'il méritera lui-même. Peut-être arrivera-t-il qu'on sera fier, et avec raison, de compter à ses enfans le nombre de ses pensions, comme on comptait les quartiers de noblesse qui prouvaient l'illustration de ses ayeux. Si ce projet amenait un changement dans nos mœurs, il ne serait qu'avantageux, puisqu'il attacherait davantage le soldat à la propriété, première base de l'état social, ainsi qu'à la patrie et à l'exemple de ses pères.

Mais il faut dire aussi qu'il offrirait en ce

moment une ressource financière importante. La dette viagère et les pensions s'élèvent à près de 40 millions ; les retraites, réformes et demi-soldes militaires s'élèvent à plus de 60 autres ; on diminuerait de moitié ces dépenses, et on allégerait le trésor d'une charge de 50 millions par an. On sait même qu'en principe général les rentes viagères sont plus onéreuses à l'Etat que les perpétuelles, puisqu'elles sont toujours au-dessous du calcul des probabilités de la vie humaine. Ce changement serait également avantageux aux rentiers. Si quelques officiers âgés et célibataires en souffraient maintenant, les enfans des autres, les héritiers des serviteurs du Roi, les descendans des hommes distingués de l'Etat nous béniraient. Nous acquitterions notre dette exigible, nous amortirions ensuite notre dette négociable, qui tourmente journellement les intérêts particuliers de notre commerce, pour ne conserver que les créances de nos hommes d'Etat et de nos guerriers, que nous acquitterions religieusement à leurs descendans.

SIXIÈME MÉMOIRE.

Sur des garanties dans les transactions privées.

SMITH dit qu'un fonds d'amortissement, institué pour éteindre de vieilles dettes, procure la facilité d'en contracter de nouvelles. Il en est de même, comme je l'ai déjà dit, du papier d'Etat. C'est un fonds subsidiaire qu'on engage au secours d'un fonds douteux sur lequel on veut emprunter. En effet, on a considéré presque toujours un gouvernement comme un propriétaire, le privant ainsi de tout bénéfice de commerce. On pourrait penser quelquefois qu'un gouvernement est banquier de sa nature. Il reçoit et transmet le revenu public. Le financier doit s'appliquer à lui procurer tous les bénéfices du banquier, et il agit alors dans l'intérêt public, puisque ces ressources, qui sont fournies sans peine, aident à diminuer d'autres charges. Quelles sont donc les opérations d'un banquier ? Il capitalise d'abord son revenu, en émettant des lettres-de-change; mais comme il ne les a émises qu'en recevant d'autres valeurs productives, ou en stipulant un remboursement à échéance et en retirant un intérêt, il a toujours l'équivalent de son capital et du produit qu'il lui doit rapporter. Son bénéfice se compose d'un droit de commission ou de l'excédant sur l'intéret qu'il tire, en proportion de celui qu'il paie. Il ne risque jamais de perdre lorsqu'il emprunte, tant qu'il prête à un taux plus élevé, et qu'il ne perd pas en prêtant. C'est en ce soin que consiste tout l'art de la banque; et le gouvernement, plus aisément trompé qu'un particulier, peut éviter de l'être, en étant plus prudent. Il est, comme je l'ai dit, banquier de sa nature. Après avoir reçu d'un côté pour payer de l'autre, il garde un excédant, qui est son droit de commission. Il capitalise aussi ses revenus, lorsqu'il accorde des pensions au lieu de donner des gratifications, et lorsqu'il forme un livre de dettes dont il ne paie que l'intérêt. Ainsi, dans notre budget, par exemple, il y aura 150 millions payés en intérêts de dettes; voilà 150 millions de notre revenu qui sont capitalisés. Les papiers que j'ai proposés sur les postes et sur les bois, sont conçus dans les mêmes vues ; ils capitaliseraient encore près de 40 millions du revenu de l'Etat, et seraient des espèces de lettres-de-change du gouvernement devenu banquier. On pourrait même leur faire produire, comme je l'ai dit, pendant un certain tems, en opérations à la bourse, un bénéfice éventuel, comme l'escompte des effets de commerce, et l'agio des autres papiers du gouvernement.

Ces diverses opérations nous conduiront ou plutôt nous rameneront à celle plus simple, qui pourrait être regardée comme la première en ce genre, celle de tirer des fonds de l'Etat un intérêt ou un droit de commission. Une fois qu'un papier capitalise le revenu, on peut prêter le capital sans diminuer la rente, et il y a double bénéfice toutes les fois que le prêt produit intérêt. On pourrait donc prêter aux propriétaires le papier du gouvernement, et, en aidant les relations et les multipliant, tirer un bénéfice bénévolement payé. Mais je ne m'étendrai pas sur cette opération, je ne la conseillerai même pas ; elle ne me semble pas praticable tant que la confiance publique ne sera pas gagnée, ou du moins il faut attendre que le papier de l'Etat soit entré dans la circulation.

J'en conseillerai une plus simple et plus facile. Que le gouvernement fasse rendre une loi nouvelle qui établisse un mode prompt et facile de recouvrement de ses créances sur les biens hypothéqués en son nom; aussitôt il pourra sans crainte endosser les effets des banquiers ou négocians qui ont des immeubles sur lesquels il pourra prendre hypothèque, ou qui sont ses créanciers ou ceux de la banque; il pourra endosser aussi les effets des propriétaires et garantir leurs contrats. Il est évident qu'il n'aura point de pertes à craindre; il sera quelquefois obligé d'acquitter, à leur défaut, leurs engagemens, et paiera aux échéances sans aucun délai, mais il se remboursera de ses avances avec intérêt sur leurs biens, suivant des formes qui seront établies par les lois, et qui seront équitables, mais promptes et faciles. Il jouira, en outre, d'un bénéfice assuré, parce qu'il aura fixé un droit de garantie d'un pour cent qui lui reviendra net de tous frais.

Des établissemens particuliers furent créés souvent pour recueillir les bénéfices de semblables opérations. Les banques territoriales devaient aider les propriétaires en leur prêtant des fonds sur des billets émis par eux, mais garantis par elles. Celles d'Ecosse prêtent un papier sans stipuler d'époque de remboursement et le laissant opérer par parties, quelques petites qu'elles soient, à la volonté de l'emprunteur. Mais tel est l'embarras actuel, que si le gouvernement voulait prêter un papier, il ne pourrait pas imiter celui d'Ecosse, parce qu'on ne l'accepterait pas dans la circulation et qu'il lui reviendrait sans cesse aussitôt qu'il l'aurait émis ; tandis que s'il voulait imiter celui de Pensylvanie, remboursable à quinze ans sans intérêts, son papier perdrait tellement qu'il rendrait l'emprunt onéreux aux propriétaires, au lieu de leur être avantageux.

Il me semble donc qu'il doit se borner à garantir les effets et les transactions des particuliers, en recevant d'eux un droit de garantie et en s'assurant, par la voie des hypothèques, contre toutes pertes. Le mode d'exécution exigerait une loi nouvelle, mais serait aisément établi. Il suffirait d'assurer l'acquittement exact des effets, la connaissance précise des biens avant l'endossement, et le prompt remboursement des avances au trésor.

Il est certain que les débiteurs seraient heureux de faire garantir leurs engagemens par le gouvernement pour obtenir des conditions moins désavantageuses, et que les créanciers seraient heureux d'être assurés de leur remboursement exact à l'échéance, ne craignant plus les retards, ni les banqueroutes, ni les procès. Ils seraient débarrassés même de toute recherche de la solidité de leurs débiteurs, et le gouvernement, qui en serait garant, s'en assurerait aisément par ses conservateurs d'hypothèques, qui, étant chargés de ce soin, en seraient responsables.

Il en résulterait probablemeut une baisse dans le taux de l'intérêt. En Suède, le gouvernement a prêté du papier aux propriétaires, d'abord à cinq et bientôt à quatre, parce qu'en répandant dans le commerce de nouveaux capitaux, une concurrence plus considérable a forcé les prêteurs à se contenter de moindres bénéfices. Cette concurrence résulterait ici de la simple garantie, parce que les prêts étant plus sûrs et plus faciles, deviendraient plus nombreux et bientôt moins coûteux. Il en résulterait d'autres avantages essentiels. Les propriétaires empruntant à bas intérêt, pourraient s'appliquer à de nouvelles cultures qui augmenteraient les produits, et par conséquent la valeur de nos terres. Ils entreprendraient des dessèchemens, des défrichemens, ou des exploitations plus considérables. Les manufacturiers, trouvant des fonds qui leur coûteraient moins cher, formeraient de nouvelles entreprises, et lutteraient plus souvent et avec plus de facilité contre l'industrie étrangère. Tels seraient les résultats certains de la circulation des fonds, que la crainte fait actuellement recéler ou négliger. Le peuple lui-même éprouverait des avantages sensibles. Lorsqu'il y a plus de capitaux et qu'ils coûtent moins cher, il y a plus d'emplois de fonds, plus d'entreprises, plus de commerce, plus d'ouvrages et par conséquent des salaires plus élevés. Les ouvriers, précieux et recherchés davantage, sont mieux traités. Leurs femmes et leurs enfans, aussi économes qu'autrefois, parce que le changement d'habitudes ne suit que de loin la variation de la fortune, acquièrent plus vîte un revenu héréditaire. Soyons bien convaincus que ce n'est que par de telles opérations qu'on peut fournir *la poule au pot*, parce que la prodigalité même du plus bienfaisant des monarques ne peut jamais donner au peuple autant qu'il reçoit de la prospérité de l'Etat.

RÉSUMÉ.

LA grande question actuelle est de découvrir des ressources pour subvenir à l'acquittement de nos charges, de nos dettes exigibles, et, s'il se peut, à l'amortissement d'une partie de la dette consolidée. Les contributions générales sont assez et même trop élevées ; il n'y a pas de crédit pour obtenir un emprunt, et il n'y a pas ou il n'y a que peu d'aliénations à opérer. Chaque bon citoyen cherche en ce moment des ressources, et tous les moyens sont assurément susceptibles de discussion. Mon projet est d'en trouver dans des impôts volontaires et spéciaux, et dans un papier également volontaire et spécial. Ce système peut non-seulement être essentiellement utile dans les circonstances actuelles; mais je crois qu'en tous tems ces sortes d'impôts doivent être établis et conservés avec soin, puisqu'ils sont les plus agréables aux contribuables, les plus faciles et les moins coûteux à recouvrer.

Voici les moyens que je propose :

1°. Le doublement de la contribution foncière des absens, c'est-à-dire, des absens du département, ce qui atteindrait seulement les hommes riches, ayant des propriétés dans divers départemens, et ce qui fournirait un produit assez considérable et entièrement net qui n'exigerait aucun frais nouveau ;

2°. Une réforme de la perception des droits sur les boissons, qui, supprimant l'exercice, diminuerait les frais de recouvrement ;

3°. Un droit sur le transit, qui remplacerait l'ancien impôt des routes, et qui, étant payé aux bureaux d'octrois, n'aurait pas les inconvéniens reprochés au droit sur le transport ;

4°. Le doublement des patentes des débitans de boissons ;

5°. Une augmentation de quelques impôts sur le luxe ;

6°. Le rachat du *huitième* de la contribution foncière, qui est toutefois une opération difficile et désagréable, la dernière à employer, à mon avis, de celles que je propose ;

7°. La capitalisation du revenu des postes, soit par une ferme générale, soit en affermant chaque bureau, soit en émettant un papier : on en retirerait environ 300 millions ;

8°. Un papier à intérêts payables sur les *quatre cinquièmes* du revenu des bois, et remboursable sur l'autre *cinquième* : ce qui fournirait au trésor 200 millions, sans aliénation des bois ;

9°. Un nouvel impôt progressif sur les pétitions, en proportion de la valeur des places ou faveurs demandées ;

10°. Un droit de révision de tous les titres et lettres de noblesse ;

11°. Un impôt annuel sur les décorations ;

12°. Un don gratuit aux élections, qui produirait 50 millions ;

13°. Le convertissement des pensions, rentes viagères, et soldes de retraite et autres en perpétuel, ce qui réduirait les dépenses de 50 millions par an ;

14°. Un droit de garantie des effets et contrats des propriétaires et des créanciers de l'Etat, qui fournirait un produit entièrement net, sans aucun frais d'établissement.

Quoiqu'une partie de ces ressources ne puisse pas être évaluée d'avance, on voit aisément que ces opérations, quand on n'en adopterait même que quelques-unes, pourvoiraient à nos charges et rétabliraient aisément nos finances.

Mais je veux rappeler encore, en terminant cet ouvrage, que j'y ai établi les vrais principes, ceux qui peuvent seuls servir de base aux plans de finance nécessaires dans l'état actuel des choses :

1°. Que les augmentations d'impôts forcés accroissent la détresse d'un état en souffrance ;

2°. Que dans un tel état, après avoir cherché des sources d'impôts volontaires, il faut recourir à des opérations de finance ;

3°. Qu'il faut, lorsque l'on n'a pas de crédit, que les opérations soient conçues de manière à être entièrement indépendantes du crédit ;

4°. Que les plans de finance doivent être conçus et dirigés librement et secrètement par un seul homme.

Je serai heureux si quelques-unes des opérations que je propose, fondées sur ces principes, sont adoptées et deviennent utiles à ma patrie.

www.ingramcontent.com/pod-product-compliance
Ingram Content Group UK Ltd.
Pitfield, Milton Keynes, MK11 3LW, UK
UKHW020349230726
13925UKWH00003B/1032

9 782019 282134